열살에
배운 법
백살간다

알쏭달쏭 생활 속 법 이야기
열 살에 배운 법, 백 살 간다

1판 1쇄 펴냄 2013년 11월 25일
1판 9쇄 펴냄 2021년 2월 28일

지은이 이정화
그린이 시은경
펴낸이 정해운
디자인 Design Group All

펴낸곳 가교출판
등록 1993년 5월 20일(제201-6-172호)
주소 서울 성북구 성북로 9길 38, 401호
전화 02-762-0598~9 | 팩스 02-765-9132
전자우편 gagiobook@hanmail.net
홈페이지 http://가교출판사.kr

글 ⓒ이정화 2013
그림 ⓒ시은경 2013

ISBN 978-89-7777-230-4 73360

- 이 책의 글이나 그림을 재사용하려면 반드시 저작권자와 가교출판 양측의 동의를 얻어야 합니다.
- 잘못된 책은 구입하신 서점에서 바꾸어 드립니다.

값 12,000원

이 도서의 국립중앙도서관 출판시도서목록(CIP)은 서지정보유통지원시스템 홈페이지(http://seoji.nl.go.kr)와 국가자료공동목록시스템(http://www.nl.go.kr/kolisnet)에서 이용하실 수 있습니다.(CIP제어번호: CIP2013022683)

★ 알쏭달쏭 생활 속 법 이야기

열 살에 배운 법 백 살 간다

이정화 글 | 시은경 그림

가교출판

머리글

법을 알면 법 없이 살 수 있어요

"저 사람은 법 없이도 살 사람이야."

이런 말 들어 본 적 있나요? '법이 필요 없을 정도로 인간의 도리를 지키고 타인을 배려하며 잘 어울려 사는 사람'을 가리키는 말이에요. 어떻게 하면 법 없이 살 수 있을까요? "나쁜 짓을 하지 않으면 돼요."라고 대답하는 친구가 있네요. 맞아요. 그러면 되지요.

그런데 어떤 일이 나쁜 짓일까요? 남의 물건을 훔치거나 폭력을 휘두르고 괴롭히는 건 누구나 다 아는 나쁜 짓이지요. 하지만 세상을 살다 보면 이게 나쁜 짓인지 아닌지 알쏭달쏭 헷갈리는 경우가 아주 많아요. 뉴스에 자주 오르내리는 '층간소음' 문제처럼 말이죠. 우리 집에서는 강아지도 고양이도 '쉿' 하며 조심해도 아랫집에서는 매일같이 항의하기도 해요. 그러다 보면 이웃사촌이고 뭐고 '법대로 따지자'며 언성을 높이는 일도 생기죠.

우리가 사는 세상은 참 복잡해요. 그 속에서 살아가는 사람들의 생각도 다 다르고요. 일어나는 사건도 수천수만 가지에다, 그에 따라 만들어지는 법도 어마어마하게 많지요.

그 많은 법 조항을 다 챙기며 살기는 어려워요. 하지만 법이 무엇인지 알 필요는 있지요. 그래야 공동체 안에서 잘 어울려 살 수 있는 기준을 정할 수 있으니까요.

이 책에는 열다섯 가지 법과 관련된 이야기가 실려 있어요. 여러분이 직접 겪은 일일 수도 있고, 들어 본 이야기일지도 몰라요. 그런 문제가 생겼을 때 법에서는 어떻게 해결해 줄지 짐작하며 읽어 보세요. 자신이 판사라면 어떤 판결을 내릴지도 생각해 보고요. 그러고 나서 〈법에 물어보아요〉 부분을 읽어 보세요. 관련법에서 어떻게 정해 두었는지 확인할 수 있어요. 법에 대한 상식도 높이고 사회 시간에 배우는 법에 대한 공부에도 도움이 되는 부분이니 그냥 넘기면 안 돼요.

이 책을 통해 여러분이 법과 친해지면 좋겠어요. 법에 대해서 알게 되는 만큼 법 없이도 살 수 있을 테니까요.

2013년 늦가을, 이정환

★ 차례

 살얼음판 위의 날들 ★ 층간소음 … 8

 살고 싶다! ★ 학교폭력 … 18

 도둑이야! ★ 표절, 저작권 … 29

 주먹보다 무서운 말 한마디 ★ 악성 댓글 … 39

 유기견을 구하라! ★ 유기동물 … 49

 병을 부르는 먹거리 ★ 불량식품 … 60

 아빠의 3년 ★ 어린이 보호구역 … 70

 엄마가 뿔났다! ★ 소비자보호 … 80

 아, 옛날이여! ★ 자연환경보존 … 90

 나도 같이 하자 ★ 차별 … 100

 청소년을 속이는 어른이라니 ★ 청소년보호 … 110

 아빠는 거짓말쟁이 ★ 가정폭력 … 120

 이모를 돌려주세요 ★ 노사문제 … 130

 포도가 싫다 ★ 자유무역협정(FTA) … 141

 독도는 우리 땅 ★ 국제사법재판 … 151

살얼음판 위의 날들
★ 층간소음

"유진아, 오늘 우리 집에서 놀자."

"누구 무서워서 싫다!"

"그 아줌마네 여행 갔대! 이런 기회가 언제 또 올지 모른다, 너!"

민형이는 조바심이 났다. 요즘 민형이네 집에 오는 친구가 하나도 없기 때문이다.

'이게 다 그 교양마녀 탓이야!'

6개월 전이었다. 아래층 아줌마네가 이사 온 다음날. 엄마가 민수를 데리고 외출한 틈에 유진이를 불렀다. 가수가 꿈인 민형이와 유진이는 신 나게 노래를 불렀다.

두 곡쯤 불렀을 때 초인종이 울렸다. 문을 열어 보니 입술을 빨갛게 칠한 아줌마가 팔짱을 낀 채 서 있었다.

"누구세요?"

"돼지 멱따는 소리로 꽥꽥거린 게 너희니? 교양 없이 무슨 짓이야!"

아줌마는 댓바람에 소리를 질렀다. 무식하다는 둥 경찰에 신고한다는 둥. 결국 유진이는 울면서 집으로 돌아갔다.

며칠 뒤에는 창민이와 실과 숙제를 하려고 망치질을 시작하자마자, 아줌마가 또 올라왔다. 아줌마는 다짜고짜 창민이가 든 망치를 뺏었다. 그러더니 맞아야 조용할 거냐고 망치를 흔들며 고함을 쳤다. 여전히 교양이 어쩌고 하면서.

그날부터 아래층 아줌마의 별명은 '교양마녀'가 되었다. 입만 열면 '교양'을 들먹이는, 교양이라고는 눈곱만큼도 없는 마녀!

교양마녀에 대한 소문은 아파트와 학교에 쫙 퍼졌다. 4학년밖에 안 됐는데 수험생으로 사는 그 아들이 불쌍하다고 모두들 혀를 찼다. 어쨌든 그때부터 민형이네 집엔 아무도 발을 들여놓지 않았다.

그건 문제가 아니었다. 민형이네 가족은 매일 살얼음판을 걷듯 살아야 했다. 피아노 연주는 5분, 세탁기 사용은 20분 안에 끝내야 했다. 텔레비전 볼륨은 15 이상 금지였다. 걸핏하면 교양마녀가 쫓아와 소리쳤기 때문이다.

"우리 애가 나중에 좋은 대학 못 가면 책임질 거예요?"

그렇게 살다 6개월 만에 생긴 기회를 유진이가 거절하니 민형이 마음은 다급해졌다.

"참! 우리 엄마가 아이스크림도 잔뜩 사다 놨어. 너랑 먹으라고!"

필살기다. 유진이는 아이스크림이라면 깜빡 넘어가는 애니까.

"정말? 그럼, 가자. 그 아줌마 없는 건 확실하지? 우리, 준미도 부르자! 걔네 강아지 샀대."

아이스크림 생각에 유진이가 더 서둘렀다.

오랜만에 맛보는 즐거움이었다.

민형이와 유진이는 아이돌 가수의 노래에 맞춰 몸을 흔들었다. 민수도 누나들을 따라 폴짝거렸다.

잠시 후 준미가 강아지를 데리고 왔다. 솜을 뭉쳐 놓은 듯 보들보들 귀여운 뭉치는 민수를 졸졸졸 따라다녔다. 모처럼 민수는 마음껏 뛰어놀았다.

우당탕탕!

뭉치를 쫓아다니던 민수가 미끄러지며 식탁 의자에 부딪혔다. 민수 위로 의자가 넘어졌다. 민수가 울음을 터뜨렸다. 놀란 뭉치는 소파 밑으로 쏙 들어가 버렸다.

셋이 달려가 의자를 치우고 우는 민수를 일으켰다. 그때, 초인종이 울렸다.

헉!

교양마녀였다. '여행 갔다고 했는데…… 어떡해?' 문을 여는 민형이의 가슴은 쿵쾅거리고 손은 덜덜 떨렸다.

"아, 안녕하세요?"

"야! 너희 진짜! 오늘은 내가 끝장을 볼 거

야. 너희 엄마 어딨어?"

아줌마가 인사는 받지도 않고 성큼성큼 들어와 집 안을 둘러보며 소리를 질렀다. 금세 아이들을 때리기라도 할 기세였다.

"너희들, 여기가 운동장이야? 왜 뛰고 난리야! 한두 번도 아니고, 조용히 하란 말 못 알아들어, 응?"

그때였다.

딩동!

엘리베이터가 열리고 민형이 엄마가 내렸다. 집으로 들어서다 아줌마와 마주쳤다.

"무슨 일이세요? 왜 남의 집에 함부로 들어간 거죠?"

민형이 엄마가 날카롭게 말했다. 그러자 기다렸다는 듯 아줌마가 쏘아붙였다.

"애들 교육 이렇게 할 거예요? 뛰고 구르고, 꽥꽥 노래까지. 머리가 울려서 집에 있을 수가 없어요! 교양이 없어도 정도가 있지!"

"이보세요, 아이들만 있는 집에 함부로 들어가 혼내고 울리는 건 교양 있는 건가요? 교양이 뭔지 알기는 하는 거예요?"

민형이 엄마도 지지 않았다.

"뭐, 뭐라고요? 그럼 우리가 이상하다는 거예요? 시끄럽다고 애가 공부를 못한다니까요, 지금!"

아줌마 얼굴이 벌게지고 목소리는 높아졌다.

"우리 애들을 운동장으로 보내라고 했었죠? 그럼 그 대단한 수험생을 독서실로 보내면 되겠네요!"

그날 저녁이었다.

쿵! 퍽! 윙! 윙!

어디선가 이상한 소리가 들리기 시작했다. 소리에 진동까지 더해져 지진이라도 난 듯 온 집 안이 울렸다.

못을 박는 듯한 소리에 벽을 뚫는 것 같은 기계 소리, 물건 떨어뜨리는 소리 등 여러 가지 소리가 계속 들렸다.

"아빠, 나 토할 것 같아!"

민형이가 입을 막고 욕실로 뛰어 들어갔다. 민형이 아빠는 벌떡 일어나 현관문을 열고 나갔다.

계단을 내려가는 발소리에 이어 아랫집 초인종이 울렸다. '쿵쿵' 소리가 멈추고 문이 열렸다.

몇 마디 말 뒤에 오가는 목소리가 커졌다. 일부러 시끄럽게 한다는 둥 아니라는 둥 낮에 있었던 엄마들 싸움에 이어 아빠들의 싸움이 시작됐다.

"시끄럽고! 하던 일이나 마저 해야겠으니, 비켜요!"

그러더니 아저씨는 문을 쾅 닫고 사라졌다.

잠시 후 드릴 소리가 다시 시작되었다. 그러자 민형이 아빠가 폭발하고 말았다. 아랫집 초인종을 마구 누르고 문을 두들겨 댔다.

계속되는 싸움에 앞집, 윗집, 아랫집 사람들이 밖으로 나와 기웃거렸다.

쾅쾅쾅!

"이봐! 문 열어! 야, 나오라고!"

"당신 몇 살이야? 얻다 대고 반말이야?"

벌컥 문을 열고 나온 아저씨가 대뜸 민형이 아빠의 멱살을 잡았다. 민형이 아빠도 지지 않고 아저씨의 멱살을 잡았다. 두 사람은 서로

힘을 쓰며 이리저리 비틀거렸다.

　보다 못한 앞집 아저씨가 달려와 말렸다.

　"이러지 말고 말로 해요, 말로!"

　"말이 안 통하는 이런 작자는 혼나 봐야 해요! 저리 비키세요."

　"흥! 그래, 쳐! 쳐 봐!"

　아래층 아저씨와 민형이 아빠는 질세라 서로 소리를 높였고, 금세라도 주먹을 날릴 태세였다.

　그때였다.

　"잠시만요. 경찰입니다."

　제복을 입은 아저씨 둘이 엘리베이터에서 내렸다. 누군가 신고를 한 모양이었다.

　"잘됐네! 경찰서 갑시다. 가서 법대로 해보자고!"

　"그럼 무서울 줄 알고!"

　아저씨와 민형이 아빠는 여전히 서로 멱살을 잡은 채 씩씩거렸다. 경찰이 두 사람을 떼어내려고 애쓰며 말했다.

　"자, 자, 경찰서로 가시죠. 그만하세요!"

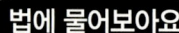

법에 물어보아요

층간소음 문제로
아래층과 갈등하는 민형이네,
어떻게 해야 하나요?

층간소음이란?

층간소음 문제는 아파트와 같은 공동주택에 사는 사람들 사이에 일어나는 문제란다. 주택법에 따르면 '층간소음'이란 아이들이 뛰는 소리, 문을 닫는 소리, 애완견이 짖는 소리, 늦은 시간이나 이른 시간에 세탁기·청소기·골프연습기·운동기구 등을 사용하는 소리, 화장실과 부엌에서 물을 내리는 소리 등을 말해. 공동주택관리규약에는 생활소음의 기준이 있어서, 입주자들은 이를 지켜야 해! 만약, 민형이네 집에서 나는 소음이 그 기준을 넘는다면 아래층 아줌마가 항의해도 할 말이 없겠지!

층간소음 때문에 다툼이 생기면?

민형이네 사건처럼 공동주택 입주자 간에 층간소음과 관련해 다툼이 발생할 경우 서로 양보하고 협의하는 것이 가장 좋아. 하지만 협의가 어렵다면 아파트 관리사무소에 공동주택관리규약에 따른 조치를 취해 달라고 신청하는 방법이 있어. 조사를 해서 민형이네서 나는 소음이 심하다면 경고를 받거나 위반금을 내야 할 수도 있단다. 또 관할 경찰서에 '인근소란' 등의 이유로 신고하는 방법도 있지. 신고는 아래층이나 민형이네, 누구든 할 수 있어. 만약, 층간소음 문제가 건물 자체나 방음시설의 결함 등으로 발생한 것이라면 건설 업체에게서 피해를 보상받을 수도 있어.

층간소음 문제로 갈등이 심해지다 때로 폭력 사태로 번지기도 해. 그래서 법원에서 상대 집과 연결된 베란다나 현관문, 배관을 두드리거나 현관문 근처에서 고함을 지르는 등 위협하는 행위를 하지 말라는 판결을 내린 적도 있어. 민형이네 아래층 아줌마의 항의가 지나치다면 막을 수도 있다는 뜻이야.

법이 없으면 어떻게 될까?

'법은 최소한의 도덕'이라는 말처럼, 사람들이 상대방에 대해 기본적인 예의를 지키고 피해를 주지 않으려는 마음을 가지고 행동한다면 법이 필요 없을지도 몰라. 하지만 사람마다 생각하는 예의나 피해의 기준이 다르단다. 민형이네 아랫집 아줌마처럼 작은 소리에도 생활에 지장을 받는 사람도 있어. 또 상대방이 일부러 그런 소리를 내거나 괜한 항의를 한다고 생각할 수도 있어.

이처럼 많은 사람들이 어울려 살다 보면 크고 작은 다툼이 생기기 마련이야. 그런 문제들을 공정하고 원만하게 해결하기 위해 미리 규칙을 정해 놓는 것이 바로 '법'이야. 법은 국민의 자유와 권리를 보호하는 정의로운 사회를 위해 만든 것이므로 강제성을 갖는단다. 그렇지 않으면 기껏 만들어 놓은 법을 거부하고, 무시하는 사람들이 생길 수도 있으니까 말이야.

살고 싶다!
★ 학교폭력

퍽!

"으윽!"

강주는 배를 움켜잡고 허리를 접은 채 주저앉았다.

수돗가에서 세수를 하고 뒤로 물러서다가 체육복을 밟았는데, 그게 하필 동혁이 것이었다. 강주가 얼른 미안하다고 말했다. 하지만 말이 끝나기도 전에 주먹이 날아들었다.

배를 맞는 순간 강주의 머릿속은 복잡해졌다.

'나도 주먹을 날려야 하나?'

그랬다간 몇 배로 더 맞을 것 같았다. 게다가 생활기록부에 기록이라도 되면 고등학교 가는 데 지장이 있을지도 몰랐다. 참아야 했다. 더구나 동혁이를 중심에 두고 강주를 빙 둘러선 아이들은 완전 조폭

분위기였다. 무서웠다.

"너, 죽고 싶냐? 감히 내 체육복으로 신발을 닦아! 이게 진짜!"

"실수였어. 미안하다고 했잖아!"

겨우 허리를 펴며 억울한 마음에 강주가 한마디 했다.

그러자 동혁이는 강주의 양쪽 어깨를 힘껏 떠밀었다. 강주는 뒷걸음치다 엉덩방아를 찧고 말았다.

합동 체육이 끝나고 교실로 들어가던 아이들이 힐끔힐끔 쳐다보며 수군거렸다.

"누군데 일진한테 걸렸냐?"

"그러게! 쟤, 이제 학교생활 죽음이다!"

아이들은 웅성거릴 뿐 나서지 않았다.

그게 시작이었다. 그날부터 동혁이는 강주를 괴롭히러 학교에 오는 아이 같았다.

쉬는 시간이건 점심시간이건 아무 때나 강주네 교실에 드나들었다. 다른 아이들과 함께 우르르 몰려오기도 했다.

"야, 쟤 옷 벗겨!"

동혁이 명령에 아이들이 강주의 교복저고리를 억지로 벗겨 바닥에 팽개쳤다. 동혁이는 강주의 옷을 발로 밟고 교실 바닥을 문질렀다. 그러곤 다시 입으라며 던져 주었다. 강주는 얼룩덜룩해진 교복을 입

을 수밖에 없었다. 단추 2개가 사라지고 없었다.

어떤 날은 강주를 운동장으로 끌고 갔다. 노래를 부르랬다, 춤을 추랬다 강주를 장난감처럼 갖고 놀았다. 게임을 하자며 강주에게 온갖 벌칙을 시키고 낄낄거렸다. 거절했다간 주먹질이 쏟아졌다.

강주의 교과서나 공책을 가져가는 건 이제 놀랄 일도 아니었다. 밤새서 한 과제를 빼앗아 조각조각 찢어 눈처럼 날리기도 했다.

어느 날 급식시간이었다.

대부분 아이들처럼 강주도 나물을 싫어했다. 하지만 골고루 먹어야 키 큰다는 엄마 잔소리를 떠올리며 나물을 꾸역꾸역 먹어 치웠다. 다 먹고 일어나려는데 동혁이패가 나타났다.

"이제 보니 너, 나물 좋아하는구나! 내가 좀 나눠 줘야겠네!"

동혁이가 제 급식판의 남은 반찬을 강주 급식판으로 쏟았다.

"그럼 나도 참을 수 없지!"

"나도."

너도나도 남은 반찬을 강주 급식판으로 버리듯 쓸어 담았다.

"자, 얼른 먹어!"

동혁이가 실실 웃으며 명령했다.

"이걸 어떻게 먹어?"

"내가 먹으라면 먹는 거지, 왜 못 먹어! 얼른 먹으라고!"

동혁이가 강주 뒤통수를 급식판 위로 누르며 말했다. 쓰레기통이 된 식판을 보는 순간 구역질이 나왔다. 하지만 먹을 수밖에 없었다. 음식물쓰레기가 눈물과 함께 강주의 입속으로 들어갔다. 주변의 다른 아이들은 언제나 그렇듯 슬금슬금 자리를 떴다.

"한심한 놈!"

"웩! 그걸 진짜 먹냐!"

동혁이패가 낄낄거리며 급식실을 나갔다. 강주는 멍하니 앉아 눈물만 흘렸다.

동혁이의 집중 공격을 받기 시작한 지 어느새 한 달이 지났다. 한두 번이면 끝날 줄 알고 참았는데 아니었다. 동혁이의 괴롭힘은 점점 강도가 세졌고 횟수도 잦아졌다. 입학한 뒤 새로운 친구를 사귈 새도 없이 강주는 기피대상 1호, 외톨이가 되었다.

14년을 사는 동안 강주는 죽고 싶다는 생각을 해 본 적이 없었다. 왕따를 당하거나, 악성 댓글에 시달리다 죽는 사람들을 한심하다고 했었다. 하지만 괴롭힘이 계속될수록 죽음을 생각하는 시간도 자꾸 늘어갔다.

'엄마에게 얘기해 볼까? 담임선생님에게 얘기하는 게 더 나을까?'

이런저런 방법을 생각해 봤지만 뾰족한 해결책은 나오지 않았다.

"너, 집에 가서 얘기하거나 선생님에게 말하면 진짜 죽는다! 나, 어떤 앤지 알지?"

동혁이의 협박이 무서워 강주는 어떤 행동도 할 수 없었다.

그렇게 며칠이 흘렀다. 친척 결혼식에 가느라 강주네 가족은 고속도로를 달리고 있었다. 마침 라디오에서 엄마와 아빠가 젊은 시절에 좋아하던 노래가 나왔다. 누가 먼저랄 것도 없이 엄마와 아빠는 흥얼흥얼 노래를 따라 부르며 추억을 나누었다.

하지만 강주는 모든 게 남의 일 같았다. 가족이었지만, 전혀 다른 세상에 사는 사람들처럼 멀게 느껴졌다. 그래서 화가 났다. 나는 이렇게 아프고 힘든데, 엄마 아빠는 저렇게 즐겁고 행복하다니. 억울해! 왜 나에게만 이런 일이 생긴 걸까?

그런 생각이 들자 세상 모두가 미워졌다. 다 부숴 버리고만 싶었다.

"그만! 그만해!"

강주가 갑자기 소리를 질렀다. 엄마가 얼른 볼륨을 줄이며 왜 그러냐고 물었다.

강주는 주먹을 불끈 쥔 채 눈물을 흘리며 엄마 아빠를 노려봤다. 그러더니 갑자기 차 문 손잡이를 당겼다. 천만다행으로 차문은 잠겨 있었다. 그러자 강주는 발작하듯 주먹으로 차창을 두드리며 비명을 질렀다. 놀란 아빠가 갓길에 차를 세웠다.

"강주야, 왜 그래! 무슨 일이야?"

강주는 아무 말도 않고 다리에 얼굴을 묻고 엉엉 울기만 했다. 엄마가 아무 말 없이 강주의 등을 쓰다듬어 주었다. 잠시 후 눈물을 그친 강주가 한숨을 푸욱 내쉬며 혼잣말하듯 중얼거렸다.

"죽고 싶어!"

"강주야, 왜 그런지 말해 봐! 그래야 엄마 아빠가 도와주지!"

엄마가 강주의 어깨를 잡아 일으켜 세우며 조심스레 말했다. 하지만 강주는 입이 안 떨어졌다. 동혁이의 협박도 무서웠다.

"그냥, 공부하기가 힘들어서 그래! 별거 아니야!"

강주는 더 이상 말이 없었다. 일단 그냥 두자고 아빠가 엄마에게 눈짓을 했다.

다음 날도 동혁이는 강주의 체육복을 빌려 달라며 가져다 엉망으로 더럽혀서 가져왔다. 덕분에 체육복을 입지 못한 강주는 선생님에게 꾸중을 듣고 벌점을 받았다. 동혁이의 비웃는 소리가 귓가에 울렸다.

그날 저녁, 베란다 밖으로 보이는 달이 유난히 밝고 컸다. 그러고 보니 오늘 달이 '슈퍼 문'이라며 소원을 빌라던 선생님 말이 생각났다. 소원은커녕 죽었으면 좋겠다는 생각밖에 아무 것도 떠오르는 게

 없었다. 울컥 눈물이 솟았다.
 "죽고 싶어! 다 싫어!"
 갑자기 강주가 베란다 창을 열었다. 바람이 강주 마음마냥 싸늘했다. 강주는 크게 심호흡을 하고 베란다 방범창에 한 발을 올렸다.

법에 물어보아요

학교폭력에 시달리는 강주를 어떻게 도와주면 좋을까요?

학교폭력이란?

「학교폭력예방 및 대책에 관한 법률」을 보면 학교폭력이란 교내 또는 교외에서 학생을 대상으로 몸에 해를 입히거나 폭행, 따돌림, 사이버 폭력 등 여러 방법으로 신체·정신 또는 재산상의 피해를 주는 행위라고 되어 있어.

그런데 어느 정도를 폭력이라고 할까? 겉으로 보이는 피해 정도가 약하더라도 피해학생에게 상처가 생겼거나, 분노·불안 등 정신적 충격을 받았다면 그건 폭력이라는 거야. 그러니까 당하는 입장에서 괴로움을 느낀다면 폭력으로 인정한다는 거지.

학교폭력 사건이 생겼을 때는?

학교폭력 사건이 발생하면 학교폭력대책자치위원회가 열리게 돼. 사건을 조사해서 가해학생에게 내릴 처벌을 정한단다. 피해학생은 상처 치료·상담 등을 받도록 해 주지. 가해학생에게는 사과문을 쓰게 하거나, 피해 학생과 접촉하거나 보복을 금지하고, 봉사활동, 전문가 상담이나 특별 교육을 받게 하기도 해. 경우에 따라서는 얼마 동안 학교에 못 오게 하거나 학급 교체 또는 전학, 퇴학처분을 내릴 수도 있어. 14세가 넘으면 경우에 따라 형사처벌을 받을 수도 있단다.

사실 학교폭력 사건을 보면 직접 관련은 없지만 내용은 알고 있는 학생들이 많아. 이런 학생들은 사건을 모른 척해도 될까? 법에는 '학교폭력의 신고 의무'라는 게 있단다. 학교폭력 현장을 보거나 그 사실을 알게 된 사람은 즉시 신고하여야 한다는 거야. 그러니까 강주가 괴롭힘 당하는 것을 본 아이들에게도 신고할 의무가 있었던 거지. 신고 전화는 117이란다. 무엇보다 학교폭력은 혼자 힘으로 해결하기는 정말 어려워. 그러니 반드시 주변에 도움을 청하는 거 잊지 마!

사건마다 다루는 법이 다르다고?

법은 사건 내용에 따라 적용되는 법이 달라져. 당연히 아주 많은 법이 있단다. 그 법들은 기준에 따라 나눌 수 있어. 먼저 법이 어떻게 쓰이는지에 따라 실체법과 절차법으로 구분해. 실체법은 "이런 행동을 했을 때 이렇게 처리할 수 있다"는 내용이 나와 있어. 우리가 '법' 하면 생각나는 것들이지. 실체법은 다시 공법과 사법으로 나눠. 공법은 국가 간 또는 국가 대 개인 사이에 지켜야 할 내용을 다루는 법으로 헌법, 형법, 소송법, 행정법, 국제법 등이 있지. 사법은 개인 간의 문제와 관련된 법이야. 민법, 상법 등이 있어. 공법과 사법의 중간에 사회법을 구분하기도 해. 절차법은 소송 또는 재판 절차에 대해 알려 주는 법이라고 할 수 있어. 형사소송법, 민사소송법, 행정소송법 등이 있단다. 이 밖에도 법을 여러 가지 방법으로 구분해.

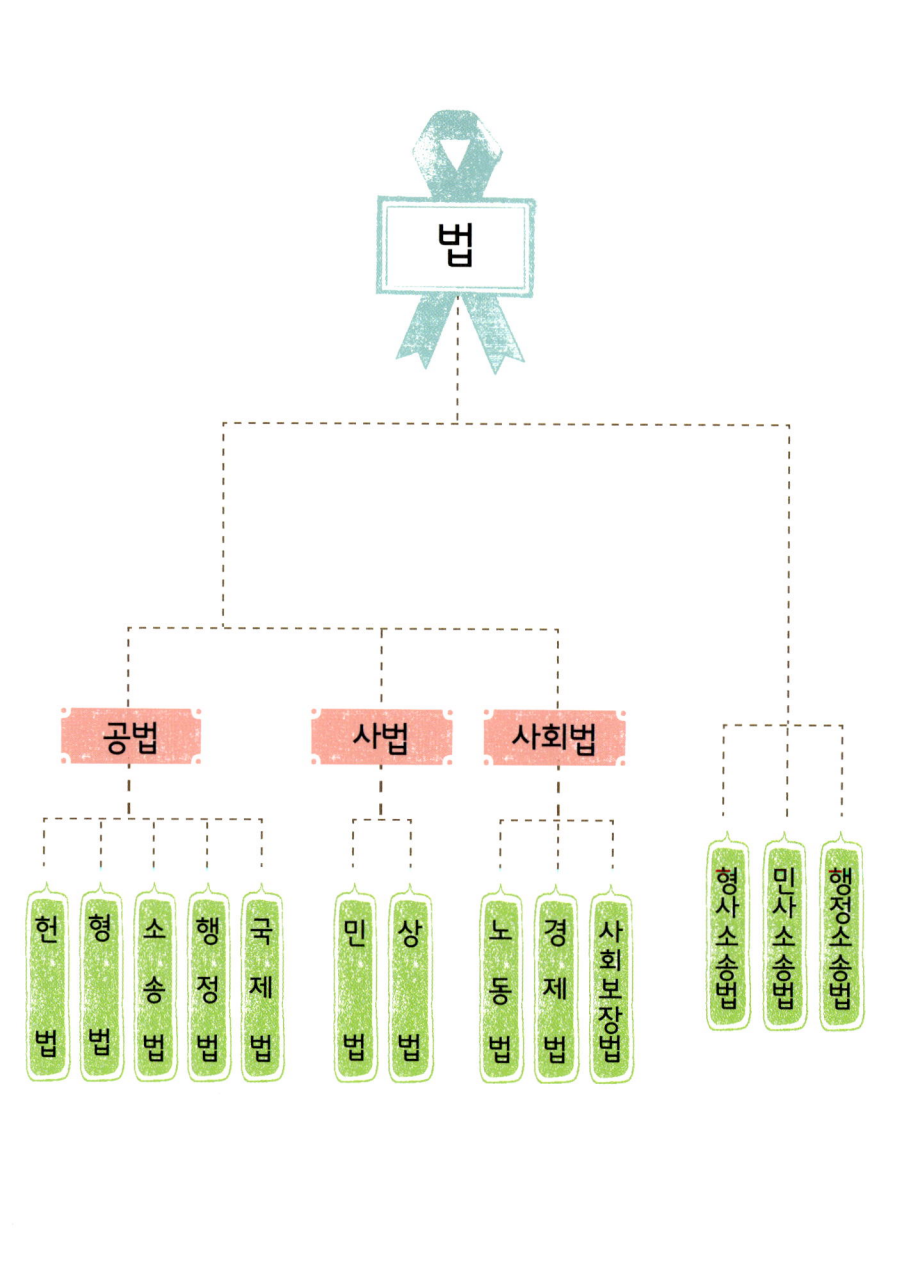

도둑이야!
★ 표절, 저작권

"이렇게 두꺼운 책을 언제 다 읽어! 감상문 대회 같은 거 안 했으면 좋겠어!"

과학의 달을 맞아 학교에서는 여러 가지 행사를 했다. 그중 하나가 독서 감상문 대회였다. 학교에서 정해 준 책 중에 한 권을 읽고 감상문을 써내는 것이다.

현정이네 반에서는 지원자가 없었다. 한 반에 세 명은 써야 한다는 선생님 말에 제비뽑기를 하기로 했다. 운 나쁘게도 현정이가 세 명 중 한 명으로 뽑혔다. 과학이라면 만화책도 안 보는 현정이는 책상 위로 쓰러지고 말았다.

그런데 엄마는 잘됐다면서 책을 두 권이나 주문해 주었다. 그것도 재미없게 생긴 걸로만.

헉! 배달된 책을 보니 한 권은 250쪽도 넘었다. 읽기도 전에 한숨부터 나왔다. 현정이는 못 본 척, 책을 들춰보지도 않고 며칠을 그냥 보냈다.

결국 감상문 제출일이 코앞에 닥쳤다.

'오늘은 꼭 읽어야 해. 그래야 감상문을 써서 낼 수 있어!'

일단 그림이 더 많은 책을 골라 읽기 시작했다. 그것도 잠깐, 현정이는 금세 꾸벅꾸벅 졸기 시작했다. 간식을 가져온 엄마가 깨우자 잠이 가득한 눈으로 투덜거렸다.

"엄마, 무슨 말인지 하나도 모르겠어! 어떡하지?"

"그러게 미리미리 읽었어야지! 정신 차리고 어서 읽어!"

엄마가 나간 후, 현정이는 읽던 책의 앞뒤를 훑어봤지만 정말 읽고 싶지가 않았다. 나머지 한 권을 펼쳐보았다. 그림도 적고 더 어려워 보였다. 하루 만에 다 읽는 건 도저히 불가능했.

그때 묘안이 떠올랐다. 현정이는 책은 밀어 두고 컴퓨터를 켰다. 그리고 인터넷에 접속했다. 이것저것 클릭하던 현정이 얼굴에 환한 미소가 떠올랐다.

"최현정이 쓴 감상문이 최우수상을 타게 되었습니다."

선생님의 발표에 아이들이 박수를 쳤다. 현정이는 손가락으로 브이 자를 그리며 아이들의 박수에 답해 주었다.

선생님이 말을 이었다.

"현정이가 쓴 감상문은 신문사에서 주최하는 과학 감상문 대회에 제출할 거예요. 그 대회에서도 좋은 결과 얻기를 바라며 다시 한번 박수!"

선생님의 말을 듣는 순간 현정이는 가슴이 덜컹 내려앉았다.

'큰일이다. 어떡하지?'

며칠 후 선생님이 다시 한번 아이들 앞에서 현정이를 축하해 주었다. 신문사의 과학감상문 대회에서 우수상을 받게 되었다고 했다.

"현정이의 감상문은 신문사 홈페이지에 실릴 거예요. 여러분도 꼭 읽어 보세요!"

그러나 정작 현정이는 전혀 기쁘지가 않았다. 당황스러웠다. 가슴이 쿵쾅쿵쾅 뛰었다.

'이건 아닌데, 어쩌지? 그게 내 글이 아니란 걸 다들 알게 되면……'

현정이가 처음부터 베낄 작정이었던 건 아니었다. 그저 어떤 내용인지 알고 읽으면 좀 쉽겠다고 생각했다. 그래서 인터넷 서점에 들어가 책을 찾아봤다. 그런데 줄거리뿐만 아니라 다른 사람들이 쓴 감상문이 있었다. 그것도 세 편이나.

그 사람들은 어떻게 썼는지 읽어 보다 좋은 방법이 떠올랐다.

'이 감상문들을 조금씩 베끼면 되지 않을까?'

다른 사람들이 쓴 글을 여기저기서 찾아 모으니 다섯 편이 되었다. 평소 글 솜씨를 자랑하는 현정이였다. 찾은 글들을 이리저리 이어 붙여 한 편의 감상문을 완성했다. 이 정도면 선생님도 현정이의 글이라고 믿겠다 싶었다. 그 일에 꼬박 이틀이 걸렸다.

그렇게 만들어 낸 감상문이 그만 최우수상을 받게 되었으니 현정이는 당황할 수밖에 없었다.

'아까 사실대로 말했어야 했다. 이제 정말 어쩌지?' 아무리 생각해도 답은 안 나왔다. 집으로 돌아가는 현정이의 발걸음이 무거웠다.

"현정아!"

뒤따라오던 은선이가 현정이를 부르며 가방을 확 잡아당겼다.

"악! 야, 깜짝 놀랐잖아!"

자기도 모르게 비명을 지른 현정이가 짜증을 냈다.
"죄 지었어? 뭘 그렇게 놀라냐! 미안하게."
현정이의 반응에 무안해진 은선이가 뽀로통해져 한마디 했다.
"죄는 무슨……. 노, 놀라서 그렇지!"
현정이는 급히 얼버무렸다.
"너, 상 탔다며? 좋겠다, 어떻게 글을 썼다 하면 상을 타냐! 부럽다!"
은선이가 감상문 얘기를 꺼내자 현정이 얼굴빛이 어두워졌다. 은선이가 무슨 일 있냐고 물었지만 현정이는 아무 대답도 안 했다.

집에 아무도 없는 걸 확인하고 현정이가 컴퓨터를 켰다. 신문사 홈페이지에 들어가 보니 상 받은 글이 모두 실려 있었다. 현정이는 들키지 않으려는 도둑처럼 조심조심 자신의 글을 찾아 클릭했다. 순간 현정이는 깜짝 놀라고 말았다.
'다른 사람 글 베끼는 건 누가 못하냐? 창피한 줄 알아라.'
'이 사람은 인터넷 서점에 올린 제 감상문을 표절했어요. 상을 취소해 주세요.'
'대단하다. 도대체 몇 사람의 글을 베낀 거야. 이 정도 정성이면 직접 쓰겠다!'
'도둑이야! 도둑 잡아라!!!'

현정이의 감상문에 댓글이 엄청 많이 달려 있었다. 현정이는 얼굴이 뜨거워서 견딜 수가 없었다. 흉보는 친구들의 목소리가 귓가에서 윙윙거렸다. 펑! 연기처럼 어디로든 사라져 버리고 싶었다.

'이 일을 어쩌지? 학교 선생님도, 아이들도 다 알겠지!'

무엇보다 엄마가 이 사실을 알면 현정이를 가만두지 않을 게 뻔했다. 진작 말하지 않은 게 너무 후회스러웠다. 하지만 이미 엎질러진 물이었다.

다음 날 현정이는 정말 안 내키는 마음으로 학교에 갔다. 친구들은 아직 모르는지 다른 날과 똑같았다. 급식도 먹지 않고 책상에 엎드려 있는데 선생님이 현정이를 불렀다. 선생님은 현정이를 데리고 운동장 구석에 있는 벤치로 갔다.

"현정아! 어떻게 된 일이야? 신문사에서 네 상을 취소한다는 연락이 왔어. 표절이라는데 정말이야?"

선생님이 말을 시작하자마자 현정이 눈에서 눈물이 솟았다.

"죄송해요. 일부러 그런 건 정말 아니었어요. 흑흑! 숙제 안 하면 혼날까 봐…… 그래서 그랬는데 자꾸만 상을 타고……. 혼날까 봐 말 못했어요. 엉엉!"

현정이는 훌쩍이며 띄엄띄엄 사실을 털어놓았다. 그리곤 양손으로 얼굴을 감싼 채 울음을 터뜨렸다.

당연히 상을 취소해야지.

최우수 표절상을 줘야겠군.

창피한 줄 알아라!

도대체 몇 사람의 글을 베낀거야

남의 글을 훔친 도둑이야!

법에 물어보아요

다른 사람이 만든 작품을 사용할 때는 어떻게 해야 하나요?

표절, 저작권이란?

'표절'이란 다른 사람이 쓴 글이나 논문, 문학작품 등의 일부 또는 전부를 직접 베끼거나 모방했으면서 자신이 창작해 낸 것처럼 발표하는 행위를 말해. 표절은 '저작권 침해'와 혼동되는데 엄밀히 말하면 좀 달라.

'저작권'은 창작자가 가지는 권리야. 시, 소설, 노래, 음악, 그림, 영화, 컴퓨터프로그램 등과 같이 창작자의 생각이나 감정을 담아 만든 결과물은 모두 해당되지. 저작권법에서 정한 저작권은 두 가지가 있어. 하나는 저작자가 자신의 작품을 발표할 권리, 이름을 표시할 권리 등을 지켜 주는 저작인격권이지. 다른 하나는 복제, 공연, 전시, 대여 등과 같이 경제적인 권리를 다룬 저작재산권이고. 저작재산권은 저작자가 사망한 후 70년간 인정되는 것이 원칙이야. 그런데 저작권이 소멸된 작품이라도 내 것처럼 발표하면 그것도 역시 표절이란다.

저작권을 침해하지 않으려면?

인터넷과 같은 온라인상에서 찾은 자료를 사용할 때는 현정이처럼 표절하거나 저작권을 침해하게 되기 쉬워. 그래서 다른 사람이 써 놓은 글이나 그림, 사진 등을 내려받을 때는 확인을 잘해야 해. 때로 사용을 허락한 사람도 있지만, 그렇지 않은 경우에는 나중에 문제가 생길 수 있으니까. 표절 사실이 밝혀지면 주인에게 피해를 준 것 이상으로 자신도 피해를 보게 된단다. 발표한 노래가 표절시비에 휘말려 활동을 중지한 가수나 처벌받은 작곡가도 있어. 법을 어긴 것이니 처벌받는 것도 당연하겠지.

혹시 현정이처럼 다른 사람의 글을 베끼거나 노래, 영화를 인터넷에서 내려받은 적 없니? 저작권자에게 대가를 지불하지 않고 내려받는 것도 저작권 침해가 되기 쉬워. 하지 않는 게 좋겠지!

재판 결과가 불만스럽다면?

만약, 어떤 문제가 생겨 소송을 제기하거나 당하게 되면 법원에서는 재판을 통해 분쟁을 해결해 줘. 하지만 때로는 재판 결과에 불만이 있을 수도 있겠지? 그럴 때는 다시 재판해 달라고 요청할 수 있어. 항소나 상고를 통해 더 높은 법원에서 재판을 받게 되는데 이를 심급 제도라고 해. 우리나라는 당사자에게 억울한 일이 발생하지 않도록 하기 위해 재판받을 기회를 세 번까지 주는 삼심 제도를 채택하고 있지. 물론 경우에 따라 1심이나 2심까지만 재판을 하는 때도 있어.

심급제도

| 대법원 | 대법원 |

 상고 • 재항고 　　 상고 • 재항고

| 고등법원 | 지방법원 본원 합의부(항소부) |　　| 고등법원 |

 항소 • 항고 　　 항소 • 항고

| 지방법원 및 지원 합의부 | 지방법원 및 지원 단독판사 |　　| 행정법원 |

민사 • 형사재판　　　　　　행정재판

주먹보다 무서운 말 한마디
★ 악성 댓글

"학교 다녀왔습니다!"

집이 조용했다.

'엄마 없네! 아싸, 웹툰 봐야지!'

지민이는 부리나케 방으로 들어가 컴퓨터를 켜고 인터넷에 접속했다. 그러고는 얼른 웹툰을 보려는데 탤런트 오미수가 자살했다는 기사가 눈에 들어왔다.

"이렇게 유명한 사람이 왜 자살하지? 완전 행복할 텐데."

중얼거리며 기사를 클릭했다.

악성 댓글이 문제였다. 오미수는 사람들의 악성 댓글에 오랫동안 시달린 모양이었다. 그게 너무 괴롭고 억울했다는 유서를 남겼다고 했다.

순간 지민이가 흠칫 놀라며 뒤로 물러앉았다.

악성 댓글 때문이라고? 겨우 그거 때문에!

기사를 닫았지만 지민이 가슴은 계속 쿵쾅거렸다. 찜찜한 기분에 인터넷 창을 닫으려는데 이번에는 '김아름'이라는 이름이 눈에 띄었다.

'김아름' 소속사, "악성 댓글 누리꾼 처벌해 달라" 경찰 수사 의뢰

영화배우 김아름(13) 양의 소속사가 악성 댓글을 단 누리꾼을 처벌해 달라며 경찰에 수사를 의뢰했다.

서울 강남경찰서는 6일 김 양의 소속사가 악성 댓글을 달아 홈페이지를 마비시킨 누리꾼에 대해 수사해 달라며 제출한 민원을 접수했다고 밝혔다.

소속사는 "일부 누리꾼들이 김아름 양과 가족에 대한 악성 댓글을 지속적으로 달아 김 양이 상처를 받고 있으며, 회사 업무를 방해하고 있다"고 주장한 것으로 전해졌다.

기사를 읽는 동안 지민이 얼굴이 점점 창백해졌다. 온갖 생각으로 금세 머리가 지끈거리더니 휴대전화를 든 손이 부들부들 떨렸다.

"어떡하지?"

지민이가 혼자 중얼거렸다.

그 일이 있었던 건 일주일 전이었다.

나연이와 함께 영어 학원에 갔는데 강의실 컴퓨터가 켜 있었다. 나연이는 가수 성빈의 노래를 듣자며 컴퓨터 앞으로 달려갔다.

나연이가 뮤직비디오를 찾아 클릭했다. 그러면서 여주인공 김아름이 싫다고 입을 삐죽거렸다. 사실 지민이도 그랬다.

노래가 끝나고 인터넷 창을 다시 열었을 때 김아름 기사가 보였다. 중국에서는 가수 성빈보다 김아름이 더 인기라는 내용이었다.

"이봐, 얘 때문에 우리 오빠 노래가 죽잖아! 뭐 이런 애가 다 있냐! 재수 없어!"

나연이가 이마에 주름을 만들며 투덜거렸다. 기사에는 댓글이 많이 달려 있었다.

↳ **피오나왕자**: 김아름, 짱 귀엽다! 내 동생이면 좋겠다!
↳ **햇살김아름**: 김아름 최고!
↳ **쌩뚱맞은나**: 김아름, 우리 오빠랑 친해지면 죽는다!

대부분 김아름을 칭찬했지만 간혹 욕하는 것도 있었다. 댓글을 읽던 지민이가 나연이 어깨를 툭 치며 말했다.

"우리도 해볼까?"

지민이의 말이 채 끝나기도 전에 나연이가 고개를 끄덕였다. 그러더니 순식간에 댓글을 달았다.

'나대지 마라! 재수대가리 싸가지야!'

나연이의 댓글을 보며 지민이가 웃었다. 그러더니 지민이도 자판을 두드렸다. 그리고 둘은 큰 비밀이라도 생긴 듯 주위를 둘러보며 킥킥거렸다.

그땐 정말 아무 생각이 없었다. 그런데 그게 이렇게 걱정거리가 될 줄이야.

지민이는 얼른 나연이에게 문자를 보냈다. 그러나 답이 없었다.

방 안을 서성이던 지민이는 갑자기 컴퓨터 앞으로 다가앉았다. 그러곤 정신없이 자신이 올렸던 댓글을 찾았다.

┗→ ㅂㅅ ㅈㄹ한다. 귀엽긴 개뿔 쓰레기 죽어라!

얼른 댓글을 지웠다. 그제야 안도의 한숨을 내쉴 수 있었다. 지민이는 침대에 몸을 던졌다. 하지만 여전히 찜찜했다.

'어떻게 그런 댓글을 썼지? 내가 미쳤나 봐! 그래도 지웠으니까 괜찮겠지? 벌써 날 신고했으면 어쩌지?'

혼자 물었다 답했다 지민이 머릿속은 복잡했다.

부모님에게 말했다간 엄청 혼날 테고, 가만히 있자니 불안해 죽겠고. 지민이의 속은 점점 타들어 갔다.

저녁을 먹는데 지은이가 조잘조잘 떠들었다.

"엄마, 탤런트 오미수 있잖아, 그 사람 자살했대."

"그래, 엄마도 뉴스 봤어. 악플 때문이라던데……."

"학원 쌤이 그러는데 악플 달면 잡혀간대."

"당연하지. 어떤 일이든 다른 사람을 괴롭히는 건 나쁜 일인 거야."

오미수 때문인지 오늘따라 여기저기서 악플 얘기를 많이 한 모양이었다. 답답하던 차에 지은이와 엄마의 말을 들으니 지민이는 더 이상 참을 수가 없었다.

지민이가 벌떡 일어나 소리를 꽥 질렀다.

"그 얘기 하지 마! 짜증 나!"

그러고 방으로 쌩 들어갔다. 엄마와 지은이는 날벼락 맞은 얼굴로 멍하니 지민이 방만 쳐다봤다.

지민이는 방문을 쾅 닫고 들어와 문에 기댄 채 씩씩거렸다.

뒤숭숭한 마음에 공부도 손에 안 잡혔다. 결국 지민이는 다시 컴퓨터를 켰다. 그리고 김아름의 기사가 있는지 찾아봤다. 낮에 본 기사 말고 더는 없었다.

지민이는 자신이 댓글을 썼다 지운 기사를 찾았다. 당연히 댓글은 사라지고 없었다. 증거가 없는지 보려고 범행현장에 다시 나타난 범인이 된 기분이었다.

"에라, 모르겠다!"

지민이는 자포자기의 심정으로 침대에 벌렁 누워 버렸다.

시간이 얼마나 지났을까. 갑자기 경찰이 방문을 벌컥 열고 들어오더니 지민이 손목에 수갑을 채웠다.

"악성 댓글 달았죠? 신고가 들어왔어요. 조사할 게 있으니 경찰서로 같이 가요."

"잘못했어요. 용서해 주세요. 다시는 안 그럴게요. 제발요!"

지민이가 수갑 찬 손을 마주 비비며 애원했다. 하지만 경찰은 무표정한 얼굴로 지민이를 끌고 나가려 했다.

"딱 한 번이었어요. 진짜예요. 엄마 아빠, 제발 나 좀 구해 주세요. 엉엉!"

끌려가는 지민이를 보고도 엄마 아빠는 다른 데만 쳐다보며 모르는 사람 대하듯 했다. 지민이는 서럽게 울면서 발버둥 쳤다. 그러다가 바닥에 쿵 하고 넘어지고 말았다.

"아얏!"

번쩍 눈을 뜬 지민이는 얼른 손목을 봤다. 다행히 꿈이었다.

법에 물어보아요

무심코 달았던 악성 댓글 때문에 걱정하는 지민이, 정말 벌 받을까요?

악성 댓글(악플)이란?

'악성 댓글' 또는 '악플(악성 리플)'은 인터넷상에서 상대방이 올린 글에 대해 험담이나 비방 등 악의를 표현한 대답 형식의 글을 말해. 지민이가 김아름에 대한 기사에 달았던 한마디처럼 말이야. 악성 댓글은 언어폭력이며 사이버 범죄의 일종이란다. 악성 댓글은 김아름이나 자살한 연예인의 경우처럼 모욕감이나 치욕감을 주어서 정신적으로 큰 상처를 입히게 돼.

악성 댓글, 잘못 달았다가는?

악성 댓글은 경우에 따라 법적으로 제한되기도 해. '정보통신망 이용촉진 및 정보보호 등에 관한 법률'이 있단다. 김아름을 헐뜯으려는 목적으로 악성 댓글을 단 사람들을 김아름 측에서 '인터넷 명예훼손'으로 고소할 수 있지. 재판 결과에 따라 상대방은 최고 징역 7년의 처벌을 받을 수도 있어. 김아름이 별도로 손해 배상을 청구할 수도 있지. 물론, 정도에 따라 벌은 달라질 거야.

다른 사람에 대한 비방이나 험담이 인터넷에서 퍼지기 시작하면 걷잡을 수 없이 빠르게 확산되기 때문에 피해가 엄청 커져. 그래서 '인터넷 명예훼손'과 같은 죄가 신설되었지. 그런데 이런 법이 의사 표현의 자유를 침해한다고 생각하는 사람들도 있어. 하지만 내가 무심코 던지는 돌멩이에 개구리가 맞아 죽을 수 있다면 그 돌멩이는 던지지 않는 게 맞겠지!

처벌받는 나이가 정해져 있다고?

현재 우리나라 형법상에는 만 14세 미만의 경우, 범죄를 저질러도 형사처벌을 받지 않게 되어 있어. 그렇다고 죄가 전혀 없는 것으로 해 주는 건 아니야. 만 10세 이상~14세 미만의 경우에는 형사재판을 받지 않고 가정법원 등에서 내린 결정에 따르게 돼. 결과에 따라 만 10세~11세는 6개월 동안, 만 12세부터는 2년까지 소년원에 수용되어 여러 가지 교육을 받을 수 있어. 그러니까 14세 미만은 괜찮다는 생각을 하면 절대 안 돼!

그렇다면 만 10세 미만의 어린이가 저지른 범죄는 어떻게 될까? 그런 경우에는 아무런 법적 규제를 하지 않아. 형벌은 물론이고 소년원에 가거나 하는 일도 없다는 거지. 형사처벌을 받기에는 너무 어리기 때문이야. 그렇다고 법을 마구 어겨도 되는 건 아니지. 다른 건 몰라도 부모님에게 엄청 혼나게 될 테니까.

유기견을 구하라!
★ 유기동물

초코가 없어졌다. 동주 엄마가 잠깐 문을 열어 둔 사이에 나간 모양이었다. 친구들까지 나서 함께 찾았지만 허사였다.

뒷산으로 가 보자는 아빠 말에 눈물이 그렁그렁한 눈으로 동주가 따라나섰다. 동주네 아파트 뒤에는 작은 산이 있다. 동주와 초코가 일주일에 서너 번은 산책을 하던 곳이다.

제발 초코가 거기 있기를 바라며 산책로를 따라 올라갔다. 아빠는 왼쪽, 동주는 오른쪽을 살피면서.

하지만 초코를 찾지 못한 채 정상에 도착했다. 아파트를 돌아보던 엄마에게서도 아직 연락이 없었다.

동주는 벤치에 털썩 주저앉았다. 어떡하지? 곧 어두워질 텐데. 겁쟁이 초코가 얼마나 무서울까 생각하니 또 눈이 뜨거워졌다. 아무 말

없이 동주와 아빠는 잠시 앉아 땀을 식혔다.

그때였다.

컹컹!

어디선가 개 짖는 소리가 들렸다. 동주네 마을 반대편에서 들리는 소리였다.

동주와 아빠가 합창하듯 말했다.

"가 보자!"

동시에 고개를 끄덕이며 벌떡 일어났다. 그리고 개 짖는 소리가 들리는 곳을 향해 내려갔다. 산 끝자락에 허술한 창고처럼 생긴 집이 있었다.

열린 문틈으로 보니 우리에 개들이 갇혀 있었다. 누런 잡종이 대부분이었지만 시추, 시베리안 허스키, 코카스패니얼 등 다른 종류도 보였다. 우리는 좁은 데다 바닥까지 철망으로 되어 개들이 앉아 있기도 힘들어 보였다.

아빠가 노크를 한 후 조심스레 문을 밀고 들어갔다. 안에서는 인기척이 없었다. 동주도 조심조심 아빠를 따라 들어갔다.

우리에 갇힌 개들은 하나같이 힘이 없어 보였다. 한쪽에는 사료통인지 물통인지 통 하나가 엎어져 있었다.

몇 마리는 동주와 아빠를 보자 꼬리를 흔들며 벌떡 일어났다. 그러더니 철망에 매달려 짖기 시작했다.

"아빠, 여기 뭐야? 얘들 너무 불쌍해!"

"글쎄다. 개 사육장 같기도 하고……."

아빠가 우리 안을 살피며 말했다.

그때였다.

"누구요?"

누런 개를 끌고 들어오던 아저씨가 퉁명스레 물었다.

"아, 예. 실례했습니다. 저희 개를 찾아다니다 개 짖는 소리가 들려서 그만……."

깨갱! 컹컹! 끄응!

끌려오던 개가 동주와 아빠를 보고 짖으며 펄쩍거렸다. 아저씨가 조용히 하라며 목줄을 당겼다. 그래도 개는 버티며 계속 끙끙거렸다.

"여기는 그런 개 없으니 나가세요."

아저씨가 개를 끌고 들어가며 신경질적으로 말했다.

"저, 그런데 개들 상태가 안 좋아 보이네요. 상처가 있는 애도 있던데요."

아빠가 동주 손을 잡고 문을 향해 걷다가 한마디 했다. 동주처럼 아빠도 개들이 불쌍했던 모양이다.

"내 개는 내가 알아서 키웁니다. 남의 일에 간섭 말고 얼른 나가요."

아저씨는 손을 휘휘 저으며 나가라고 재촉했다. 동주와 아빠가 문 밖으로 나오자 쾅 소리가 나도록 문을 닫고 잠갔다. 동주와 아빠는 담장 가장자리로 가서 몰래 들여다보았다.

아저씨는 끌고 온 개를 기둥에 묶었다. 개는 계속 짖으며 아저씨에게 덤벼들었다. 그러자 화가 난 아저씨가 몽둥이를 찾아 들었다.

"이놈이 덤벼? 개새끼가 힘만 세 가지고는!"

아저씨는 몽둥이를 휘두르며 화풀이를 해 댔다. 열 대쯤 맞은 개는 결국 쓰러졌다. 아저씨는 숨을 몰아쉬더니 몽둥이를 내던지고 수돗가에서 손을 씻기 시작했다.

"저 아저씨, 주인 아니지?"

동주는 마치 자신이 맞은 것처럼 몸을 움츠리며 말했다.

"그러게. 유기견을 데려다 파는 모양이다. 쉿!"

아빠가 속삭였다.

그때 그 아저씨의 휴대전화가 울렸다.

"네, 김사장님. 보신탕감으로 열 마리는 될 거예요. 그럼 저녁 먹고 출발할게요!"

통화를 끝낸 아저씨가 개들을 세어 보더니 건물 안으로 들어갔다.

"아빠, 쟤들 보신탕 되나 봐, 어떡해?"

동주는 금방이라도 안으로 들어갈 기세였다. 아빠는 동주 손을 붙잡고 그 집에서 좀 떨어진 곳으로 자리를 옮겼다. 그러고는 휴대전화를 꺼내 버튼을 눌렀다.

"네. 수고하십니다. 유기견을 데려다 학대하고 팔아넘기는 사람이 있어서 신고하려고 합니다."

아빠가 사육장에 대해 자세히 얘기한 후 전화를 끊었다. 경찰이 바로 출동하겠다고 했단다.

동주와 아빠는 기다리기로 했다.

'우리 초코도 저런 아저씨가 데려간 거 아닐까?'

초코도 저렇게 맞을지 모른다 생각하니 동주는 가만히 있을 수가 없었다. 안절부절못하는 동주를 아빠가 꼭 보듬어 주었다.

잠시 후 경찰차 사이렌 소리가 들렸다. 동주와 아빠가 벌떡 일어나 사육장으로 달려갔다.

경찰 두 명이 차에서 내려 안으로 들어갔다. 동주와 아빠는 담장에 몸을 숨기고 들여다보았다.

경찰이 문을 두드리자 그 아저씨가 나와 왜 그러냐고 물었다.

"여기서 동물을 학대한다는 신고가 들어와서 확인하러 나왔습니다. 이 개들 주인이신가요? 개가 참 많네요?"

"주인이니까 키우죠. 많이 키우면 안 되는 겁니까? 무슨 상관이요?"

아저씨가 따지듯 대답했다.

여기저기 둘러보는 경찰을 쫓아다니며 아저씨가 항의를 했다. 신고한 사람이 누구냐, 이렇게 막 뒤져도 되냐면서.

그러다 경찰이 한구석에서 피를 흘리며 쓰러져 있는 개를 발견했다. 경찰은 그 개에 대해 꼬치꼬치 물었다. 아저씨가 당황해하며 횡

설수설 대답했다.

그때 다른 경찰이 쓰러진 개의 목에 걸린 목걸이를 발견했다. 목걸이에 적힌 주소는 전혀 다른 곳이었다.

"이 개 주인 아니시죠? 얘가 어떻게 여기 와 있는 겁니까?"

"아, 아니, 나는 그저 길 잃은 개를 데려다 돌본 것뿐이에요. 내가

안 데려 왔으면 쟤는 벌써 교통사고를 당했거나 굶어 죽었을 거예요. 이만큼 돌봐 준 내가 뭘 잘못했다는 거예요?"

경찰은 변명을 늘어놓는 아저씨에게 경찰서로 가자고 했다. 정식으로 조사를 해야겠다면서. 아저씨는 경찰차에 탈 때까지 계속 억울하다며 소리를 질렀다.

경찰차가 떠난 후 동주와 아빠가 얼른 안으로 들어갔다. 그리고 개들에게 사료와 물을 챙겨 주었다. 개들은 정신없이 물을 마시고 사료를 먹었다.

"초코야!"

아빠 목소리에 놀란 동주가 창고 안으로 뛰어 들어갔다. 하지만 그 강아지는 초코가 아니었다. 초코와 닮은 강아지는 많이 아픈지 고개만 살짝 들었다 다시 엎드렸다.

"아빠, 쟤 많이 아픈가 봐. 우리가 데려가자."

아빠는 안 된다며, 초코를 찾는 게 더 급하다고 동주를 말렸다. 게다가 초코를 찾으면 두 마리를 같이 키우기는 힘들 거라고 했다.

"아빠, 초코도 찾고 얘도 키우고 내가 다 할게. 제발, 소원이야! 이러다 얘 죽으면 어떡해!"

잠시 후 초코 닮은 개를 안고 아빠와 동주가 밖으로 나왔다.

법에 물어보아요

길을 잃었거나 주인이 버린 유기견을 잡아다 파는 아저씨, 무슨 죄를 지은 걸까요?

유기동물이란?

유기동물은 동주네 초코처럼 집을 나가 길을 잃어버렸거나, 주인이 버린 애완동물을 부르는 말이야. 우리가 쉽게 볼 수 있는 유기동물은 유기견(개), 유기묘(고양이)가 있지. 길을 잃거나 버려진 고양이 또는 그런 고양이들에게서 태어나 야생화가 된 고양이들은 '도둑고양이'라고 많이들 부르지. '애완동물'은 사람들이 가까이 두고 기르며 귀여워하는 동물을 말해. 요즘은 가족이라는 의미를 더해 '반려동물' 이라고도 부르지.

유기동물을 괴롭히면?

「동물보호법」은 동물을 적정하게 보호·관리하기 위해 필요한 사항을 규정한 법이야. 여기에 따르면 누구든지 동물을 본래의 습성에 따라 정상적으로 살 수 있도록 노력해야 한다고 되어 있어. 사육·관리하는 사람은 물론이고 잠깐 보호하더라도 말이야. 동물이 굶주림이나 공포, 질병에서 벗어날 수 있도록 노력해야 한다고도 되어 있어. 결론은 동물의 주인이든 유기동물을 잠시 데리고 있든 누구나 그 동물을 보호하려고 노력해야 한다는 거지.

그러니까 동주 아빠가 신고한 아저씨는 동물보호법을 어긴 거야. 만약 주인 몰래 데려온 것이라면 그건 도둑질이 되어 죄가 더 커진단다. 아마 형사처벌 받게 될 거야.

혹시 유기동물을 발견하게 되면 동물보호센터나 주민자치센터에 알려서 동물을 데려가게 해야 해. 물론 가장 좋은 건 주인을 찾아 주는 거지. 유기동물보호센터에 가면 주인을 찾기도 쉽지 않고 좋은 새 주인을 만나기도 어렵거든.

범죄에 무게가 있다고?

범죄에 무게가 있다니 이상하지? 하지만 피해 결과 등에 따라 경범죄, 중범죄라는 말로 구분하기도 한단다. 상대적으로 가벼운 범죄인 '경범죄'는 허위신고, 노상방뇨, 자연훼손, 인근소란, 동물 등에 대한 행패, 새치기, 무단출입, 무임승차, 장난전화, 금연장소에서 하는 흡연 등이 해당돼. 경범죄라고 인정되면 대부분 범칙금을 내는 벌을 받게 된단다.

경범죄의 반대말은 '중범죄'야. 우리나라는 피해자에게 육체적·정신적·물질적으로 피해를 크게 주는 범죄를 중범죄라고 불러. 하지만 미국처럼 명확하게 중범죄의 범위를 정해 두지는 않았어. 참고로 미국 연방정부에서는 1년을 초과하는 징역 또는 사형을 선고할 수 있는 범죄를 중범죄로 규정하고 있어.

병을 부르는 먹거리
★ 불량식품

수업이 끝나고 가방을 챙기는데 재빈이와 도영이가 인영이를 불렀다.

"인영아, 분식나라 가 봤어? 컵볶이 진짜 맛있어, 먹으러 가자!"

"아니야, 닭꼬치가 더 맛있어!"

새로 생긴 분식집인 모양이었다. 재빈이와 도영이는 벌써 가 봤는지 서로 목소리를 높였다.

"오늘 내가 한턱 쏠게. 가자!"

재빈이의 큰소리에 셋은 콧노래를 흥얼거리며 교실을 나섰다.

분식나라는 문방구 앞에 있는 포장마차였다. 문방구 아줌마가 하는 거였다.

친구들 말대로 음식은 맛있었다. '떡볶이 킬러'인 인영이는 컵볶이 한 컵을 순식간에 해치웠다.

그날부터 인영이와 친구들은 참새가 방앗간 드나들듯 분식나라를 오가며 허기를 달랬다. 솜씨 좋은 아줌마 덕분에 모든 메뉴가 인기였다. 게다가 모든 음식이 다른 분식집보다 아주 쌌다. 500원만 있어도 먹을 수 있는 음식이 많았으니까.

그런데 분식나라가 변하기 시작했다. 처음에 아줌마는 앞치마에 비닐장갑까지 끼고 깨끗한 모습이었다. 하지만 일주일쯤 지나면서부터 문방구에서 물건과 돈을 만진 손 그대로 음식을 만들었다. 비닐장갑은 아예 보이지도 않았다.

게다가 아줌마는 음식을 만들던 주걱에 입을 대고 맛을 보곤 했다. 그 주걱으로 다시 떡볶이를 휘젓고. 거기다 행주인지 걸레인지 정체를 알 수 없는 걸로 바닥이며 그릇을 닦았다. 빨지도 않는지 온통 빨간 물이 묻어 있었다.

그러던 어느 날이었다.

인영이가 떡볶이를 먹으러 분식나라에 들렀다. 아줌마가 깜짝 놀라며 떡이 담긴 그릇을 얼른 발밑으로 내려놓았다. 하지만 인영이는 보았다. 그릇에 담긴 떡은 군데군데 푸르스름한 얼룩이 묻어 있었다. 곰팡이 같았다.

"이거 상한 거 아니야. 그냥, 뭐가 묻어서 골라낸 거야!"

찔렸는지 아줌마가 인영이 눈치를 보며 서둘러 설명했다. 인영이가 보기엔 그렇게 해명하는 게 더 이상했다.

그때부터 인영이는 분식나라가 싫어졌다. 맛도 없어진 것 같고, 왠지 먹고 나면 배도 살살 아픈 것 같았다. 자연스레 분식나라에 들르는 횟수도 줄어들었다.

나쁜 일은 그뿐이 아니었다.

분식나라 앞을 지나가는데 컵볶이를 먹던 은정이가 인영이를 보고 손짓을 했다. 인영이가 다가갔다.

"아줌마, 컵볶이 한 컵 더 주세요."

은정이가 인영이에게 주려는 듯 주문을 했다.

"은정아, 난 안 먹어! 괜찮아!"

먹어라, 안 먹는다 실랑이 하는 둘에게 아줌마가 웃으며 한마디 했다.

"먹어 봐! 맛있어서 또 먹고 싶을걸!"

"더러워서 싫어요. 헉!"

마음속에 있던 말이 자기도 모르게 튀어나오자 인영이는 깜짝 놀랐다. 아줌마 눈이 커졌다.

"그래, 너는 먹지 마!"

아줌마는 얼굴이 빨개졌지만 화를 참는 듯 낮은 목소리로 천천히 말했다.

이렇게 인영이와 아줌마 사이에 불편한 일이 몇 번 있었다. 그 뒤 인영이는 분식나라에서 뭘 먹기는커녕 뒷길로 돌아서 다녔다.

그럼에도 불구하고 결국 일은 터지고 말았다.

학교 끝나고 재빈이와 함께 수학학원에 가는 길이었다. 재빈이가 배고프다며 분식나라에서 뭐 좀 먹고 가자고 했다. 인영이는 싫다며 재빈이를 말렸다.

"재빈아, 그 아줌마 너무 더러워! 거기서 먹지 말자!"

"괜찮아, 안 죽어! 너무 깔끔하게 지내면 오히려 병에 걸리기 쉽단다. 아가야!"

재빈이는 말도 안 되는 억지를 부리며 인영이를 끌고 갔다.

"아줌마, 닭꼬치 두 개만 주세요!"

아줌마가 알았다고 대답을 하다 재빈이 옆에 서 있는 인영이를 봤다.

"너는 지저분한 걸 먹을 수 있겠어?"

아줌마는 인영이를 기억하고 있었다. 인영이는 아무 말 못하고 서 있었다. 다행히 분식나라는 전보다는 좀 깨끗해진 것 같기도 했다.

웃음기 없는 얼굴로 아줌마가 닭꼬치 두 개를 재빈이에게 주었다. 인영이가 하나를 받아 들고 수학학원으로 갔다. 찜찜하기는 했지만 맛있게 먹는 재빈이를 따라 인영이도 닭꼬치를 먹었다. 오랜만에 먹어서인지 맛있는 것 같기도 했다.

그런데 수학 수업을 하는 내내 배가 살살 아팠다. 재빈이는 괜찮다고 했다.

집으로 들어오자마자 인영이는 화장실로 달려갔다. 먹은 걸 다 토했다. 그래도 배는 계속 아팠다. 엄마가 퇴근할 때까지 인영이는 화장실을 다섯 번은 더 들락거리며 설사와 구토를 반복했다.

엄마가 왔을 때 인영이는 아예 화장실 앞에 누워 있었다. 기운 하나 없이 얼굴이 하얗게 된 인영이에게 병원에 가자고 했지만 인영이는 일어날 수도 없었다.

결국 인영이는 아빠 등에 업혀 병원 응급실로 갔다. 의사 선생님은 식중독인 것 같다며 뭘 먹었는지 물었다.

"분식나라에서 닭꼬치 사 먹었어요."

엄마 눈치를 보며 인영이가 겨우 대답을 했다. 엄마가 인영이를 째려보며 한숨을 쉬었다. 분식나라가 지저분해 보인다며 먹지 말라고 전부터 말했었기 때문이다.

주사를 맞은 후에야 인영이의 뱃속은 좀 진정되었다. 그러나 탈수 증세 때문에 링거를 맞으며 응급실에서 하룻밤을 보냈다. 집으로 돌아와서도 인영이는 계속 누워 있었다. 엄마가 학교는 며칠 쉬라고 했다.

"아무래도 그냥 넘어가면 안 되겠어!"

엄마가 거실에서 혼잣말을 하며 왔다 갔다 하더니 인영이 방으로 들어왔다.

"어제, 너 혼자 먹은 거 아니지? 누구랑 먹었어?"

엄마가 걔는 괜찮은지 물어보자며 사실대로 말하라고 했다. 재빈이랑 먹었다고 하자 그럴 줄 알았다며 엄마가 거실로 나가 전화를 걸었다.

"재빈 엄마! 난데, 어제 재빈이 괜찮았어? 아, 조금 아프다 말았어. 다행이네. 우리 인영이는 어제 응급실 갔다 좀 전에 왔잖아! 상가에 있는 문방구에서 재빈이랑 닭꼬치 사먹었대서 괜찮나 하고. 거기, 전에 보니까 너무 지저분하더라고. 가격도 너무 싼 게 재료도 좀 의심스러워. 그래, 가서 좀 따져 보자! 알았어, 금방 나갈게!"

인영이가 거실로 나갔다.

"엄마, 가서 따지게?"

"그래. 그런 사람들은 가만두면 안 돼! 더구나 애들이 먹는 음식인데. 그러다 진짜 큰 사고 난다니까!"

인영이에게 주먹을 꼭 쥐어 보이고 엄마가 분식나라로 출동했다.

'그 아줌마 잘못이 아니면 어쩌지? 아냐, 그 아줌마 진짜 더러웠잖아. 거기다 그 곰팡이 핀 떡은 정말 끔찍했어! 엄마 말대로 더 큰 일이 날 수도 있잖아.'

인영이 마음이 복잡해졌다.

법에 물어보아요

불량식품으로 음식을 만들어 판 아줌마는 어떻게 될까요?

불량식품이란?

불량식품이란 식품위생관련법규를 지키지 않고 생산·유통·판매되어 건강을 해칠 수 있는 식품이야. 인체에 해가 되는 식품, 병든 고기 등을 사용해 만든 식품, 허가되지 않은 화학첨가물 등이 들어간 식품, 허위표시나 과대포장을 한 식품이 대표적인 불량식품이야. 한편 내용물의 크기나 무게 등을 속이거나 가짜 재료를 써서 만든 식품, 허위표시 등으로 소비자를 혼동하게 만드는 식품은 부정식품이라고 한단다.

파는 음식을 먹고 문제가 생겼을 때는?

분식나라에서 판 음식 때문에 인영이와 재빈이가 아픈 거라면 피해를 보상받을 수 있어. 일단 한국소비자원에 피해를 신고해야 해. 그러면 소비자원에서 합의를 할 수 있도록 도와줘. 그래도 해결이 안 되면 소송으로 해결해야겠지. 소비자원은 「소비자기본법」에 따라 소비자가 처한 문제를 해결하는 데 도움이 되기 위해 국가에서 설립한 전문기관이야. 불량식품 문제도 여기서 해결해 주지.

음식점에서 판 음식 때문에 식중독이 발생한 경우 「식품위생법」에 따라서 식당 주인은 징역 또는 벌금, 영업정지, 영업소 폐쇄 등의 처벌을 받을 수 있어. 음식을 만든 사람은 조리면허의 취소 또는 업무정지의 처벌을 받게 돼. 아줌마가 신고하지 않고 음식을 팔았다면 그 부분에 대해서도 처벌받을 거야.

불량식품 파는 것을 발견했을 때는 식품안전소비자신고센터(국번 없이 1399)로 전화를 해 봐. 신고 내용에 따라 1천만 원까지 포상금을 받을 수도 있단다.

언제부터 법이 있었을까?

세계 최초로 만들어진 법전은 '우르남무의 법전'이라고 알려져 있어. 기원전 2000년 ~기원전 2050년 사이에 중동지역의 메소포타미아 문명에서 만든 법전이야. 이 법전은 점토판에 수메르어로 기록되어 전해졌단다.

'눈에는 눈, 이에는 이'라는 말을 들어본 적 있니? 유명한 이 내용이 실린 법전이 바로 함무라비 법전이야. 바빌로니아 제국의 함무라비 왕이 기원전 1700년 경 만든 것으로 알려져 있어. 그러니까 4000년 전에도 법이 있었다는 얘기네.

우리나라 최초의 법은 고조선의 '8조 금법'이야. 8조 가운데 3개 조항이 지금까지 전해지지. '남을 죽인 사람은 사형에 처하고, 남의 물건을 훔친 사람은 그 집의 노예로 일해야 한다'고 되어 있어.

1945년에 해방된 후 대한민국의 근대적인 헌법이 제정된 것은 1948년이야. 7월 17일에 공포되었기 때문에 그날이 제헌절이 된 거야. 법은 필요에 따라 계속 새로 만들어지고 개정된단다. 현재 시행되는 헌법은 1987년에 개정된 거야.

아빠의 3년
★ 어린이 보호구역

이상한 소리에 재인이가 눈을 떴다. 시계 소리는 아니고 어두컴컴한 창밖으로 들리는 건 빗소리였다. 12월인데 무슨 비야? 그것도 장대비라니. 에이, 학교 가기 싫다!

거실에서는 엄마와 아빠가 두런거리는 소리가 들렸다. 재인이도 일어나 밖으로 나갔다.

때아닌 겨울비가 쏟아지는 오늘도 언제나처럼 아빠는 나갈 준비를 했다. 7시 30분이 되자 아빠는 호루라기를 목에 걸고 나갔다.

재인이 아빠는 월요일부터 금요일까지 교통안전지도 봉사를 한다. 재인이네 학교 정문 앞에 있는 횡단보도 한가운데가 재인이 아빠의 자리였다.

"아빠, 비가 이렇게 오는데 오늘도 가요? 그냥 쉬지."

"이런 날일수록 더 나가야지. 날씨가 안 좋으면 길 건너는 게 더 위험하니까."

아빠는 차가운 겨울비쯤 아무 문제 안 된다는 표정이었다.

"그러다 아빠 병나면 어떡해요?"

재인이는 그러는 아빠가 못마땅했다.

"괜찮아. 일부러 운동도 하는데, 뭘!"

아빠는 재인이를 향해 씩 웃어 주고는 밖으로 나갔다.

3년 전 그날 아침 재인이네 가족은 마음이 바빴다. 할머니가 수술받는 날이었기 때문이다. 수술실에 들어가기 전에 할머니 얼굴을 보자며 아빠가 서둘렀다. 마침 재량휴업일이어서 재인이도 엄마 아빠를 따라나섰다.

촉박한 시간에 마음이 급해진 아빠는 자꾸만 속도를 올렸다. 엄마가 운전하겠다고 했지만 소용없었다. 출근 시간이라 차가 밀리자 아빠는 더 서둘렀다. 추월에 추월을 거듭하고 속도를 높였다.

"천천히 좀 가요."

엄마가 머리 위에 있는 손잡이를 꼭 잡은 채 아빠를 말렸다. 알았다고 대답은 하면서도 아빠는 속도도 줄이지 않았고 추월도 마다하지 않았다.

큰 길을 벗어나 차들이 별로 없는 길로 들어섰다. '어린이 보호구역, 천천히'라는 글자가 재인에 눈에 띄었다. 근처에 학교가 있는 모양이었다.

 학교에서 '어린이 보호구역'에 대해 배운 재인이가 아빠에게 말했다.

 "아빠, 여기는 어린이 보호구역이야. 천천히, 30킬로미터를 넘으면 안 돼!"

 "걱정 마! 지금 빠른 속도 아니야. 거기다 봐봐. 차도 없고, 애들도 없잖아. 그치!"

 그러고는 좁은 길을 계속해서 쌩쌩 달렸다.

그러다 갑자기 '끼익!' 소리를 내며 차가 급정거를 했다. 뒷좌석 가운데 앉아 있던 재인이는 앞으로 튕겨 룸미러에 이마를 부딪혔다. 잠깐 정신을 잃었다 깨어 보니 재인이는 엄마 품에 안겨 있었다. 아빠는 밖에 있는지 안 보였다.

"재인아, 여기 가만히 있어!"

엄마가 재인이를 의자에 기대게 하고 차에서 내렸다. 아빠와 엄마가 차 앞에 쭈그리고 앉아 있어 머리만 보였다. 재인이가 이마에 덮인 수건을 손으로 누른 채 차에서 내렸다.

아빠 차에 부딪힌 건지 한 아이가 바닥에 쓰러져 있었다. 아프다고 소리를 지르며 울었다.

"많이 아프지? 조금만 기다려! 금세 구급차가 올 거야. 함부로 움직이면 안 되니까 조금만 참아라."

"핸드폰 있니? 엄마에게 전화해 줄게."

엄마가 아이의 손을 잡아 주며 물었다. 아이가 전화번호를 불러 주었고 재인이 엄마가 그 아이 엄마와 통화를 했다. 집이 가까웠는지 그 아이 엄마는 금세 달려왔다.

곧 구급차가 도착했고 아이는 병원으로 옮겨졌다. 재인이도 치료를 받기 위해 엄마 아빠와 함께 병원으로 갔다. 그때 여섯 바늘 꿰맨 재인이 이마의 상처는 지금도 남아 있다.

그 아이가 그 후 어떻게 되었는지 재인이는 잘 몰랐다. 엄마 아빠는 자세히 얘기해 주지 않았고 재인이도 묻지 못했다.

우연히 1년도 더 지났을 때 이모와 엄마가 나누는 이야기를 들었다. 함께 놀러가자는 이모 말에 엄마는 아직 아빠가 운전을 못해서 안 된다고 대답했다. 아빠가 그 사고 때문에 운전면허를 정지당했고, 벌금도 엄청 많이 냈다고 했다. 엄마가 운전을 안 하는 것도 그 사고 때문에 겁나서라고 했다.

"언니, 사고 난 그 애는 이제 괜찮지?"

"다행히 두어 달 치료하고 나았지. 근데 어린애가 많이 놀랐는지 지금도 정신과 치료 받는대. 그 생각만 하면 지금도 마음이 무거워."

'그래서 아빠가 봉사를 시작한 거구나.'

재인이가 아빠였대도 모른 척하기 힘들었을 거라는 생각이 들었다.

종일 비가 오더니 밤부터 함박눈으로 바뀌었다. 빗길이 언 데다 눈이 더해져 길은 그야말로 빙판이 되었다. 텔레비전에서는 승용차를 놓고 대중교통을 이용하라는 안내가 계속 나왔다. 길을 걷는 사람들도 기우뚱거리거나 미끄러지는 사람이 태반이었다. 학교 갈 일이 걱정이었다.

길이 그런데도 아빠는 채비를 마치고 방에서 나왔다.

"오늘은 가장자리에 가만히 서 있어요, 도로 가운데로 나가지 말고. 알았죠!"

엄마가 아빠에게 여러 번 당부를 했다. 아빠가 고개를 끄덕거리며 나갔다.

재인이도 꽁꽁 싸매고 집을 나섰다. 미끄러지지 않으려고 다리에 힘을 주어도 저절로 미끄럼을 타게 되었다. 가는 길에 연주를 만나 손을 잡고 함께 미끄러지며 걸었다.

저만치 학교 앞 횡단보도가 보였다. 아빠가 거기 있었다. 엄마 부탁은 듣지 않고 횡단보도 가운데로 왔다 갔다 하고 있었다.

"너희 아빠, 오늘도 봉사하시네. 진짜 대단하시다."
"그러게 말이다."
바로 그 순간이었다.

깜빡이던 횡단보도 신호등이 빨간불로 바뀌었다. 뒤늦게 한 아이가 횡단보도로 뛰어들었다. 그때 저만치서 바뀐 신호에 따라 자동차가 달려오는 중이었다. 도로에 뛰어든 아이를 본 아빠가 달려들어 아이를 인도로 떠밀었다. 그 순간 끽 소리를 내며 자동차가 급정거를 했다. 하지만 자동차는 언 길에 미끄러지며 아빠를 밀어 쓰러뜨리고 나서야 멈춰 섰다. 뭐가 먼저였는지 모를 정도로 순식간에 일어난 일이었다.

재인이가 놀라 달려갔다. 사람들도 우르르 몰려들었다.
"아빠, 아빠!"

울음 반, 고함 반 재인이는 정신없이 아빠를 불렀다. 하지만 정신을 잃은 아빠는 대답이 없었다. 다리를 다쳤는지 바지에 피가 얼룩져 있었다.

"이보세요. 이렇게 위험한 날 그렇게 급하게 출발하시면 어떡해요?"

"스쿨존인 거 몰라요? 좀 천천히 가지!"

사람들이 승용차 운전자에게 한마디씩 했다. 그 아저씨는 어쩔 줄 몰라 하며 여기저기 전화를 걸었다. 그리고 구급차가 곧 올 거라며 재인이를 달랬다.

잠시 후 아빠가 깨났다. 재인이를 본 아빠가 입을 열었다.

"아이는 괜찮니?"

법에 물어보아요

어린이 보호구역에서 교통사고를 내면 어떻게 되나요?

어린이 보호구역(스쿨존)이란?

어린이 보호구역은 어린이들이 안심하고 활동할 수 있는 지역을 말해. 학교, 교통, 생활, 식품 등 여러 분야에서 어린이들을 보호하려고 만든 구간이지. 그중 '교통안전 보호구역'은 어린이집, 초등학교 및 특수학교의 출입문을 기준으로 주변 300미터 이내에서 어린이들의 통행이 많은 지역으로 정해. 대부분 오전 8시~오후 8시까지 규정을 지키도록 하는데 지역마다 조금씩 달라. 어린이 보호구역에서 자동차 등은 시속 30킬로미터 이내로 다녀야 하는 등 여러 가지 규정이 있어. 규정을 위반하다 적발되면 「도로교통법」에 따라 과태료를 부과받게 돼.

어린이 보호구역은 빨간색으로 포장된 도로에 30이라는 숫자가 커다랗게 쓰여 있어. 인도에는 울타리가 설치되고 등교 시간마다 안전지도를 한단다. 「도로교통법」에는 어린이 보호구역에서 어린이의 보호자가 지켜야 할 사항도 정해 두었어. 물론 당사자인 어린이들도 항상 조심해야겠지.

어린이 보호구역에서 사고가 났을 때는?

'어린이는 움직이는 빨간 신호등'이라는 말을 들어 본 적 있니? 판단력이 부족한 어린이들은 언제든 도로로 뛰어들 수 있으니 빨간 신호등을 보듯 조심하라는 뜻이야. 재인이와 같이 만 13세 미만의 어린이가 어린이 보호구역에서 사고를 당해 다치면 운전자는 형사처벌을 받게 돼. 피해자가 처벌을 원하지 않는다 해도 마찬가지야. 이것은 피해자가 어린이일 때만 특별히 적용되는 거지. 그만큼 어린이를 보호하자는 뜻일 거야. 운전자가 시속 50킬로미터 이상의 속도로 달리다 사고를 냈다면 '어린이 보호구역 사고'와 '속도위반 사고' 이중으로 적용이 돼. 처벌도 더 무거워지겠지.

법에 위아래가 있다고?

'사회가 있는 곳에 법이 있다'는 말이 있어. 그만큼 사회 속에서 살아가는 우리의 생활이 법과 밀접한 관련이 있단다.
이러한 법들은 위아래 단계가 있어. 더 높은 법, 더 낮은 법 하니까 좀 우습지만, 헌법이 제일 높아. 모든 법의 기준이 되기 때문이지. 그 다음은 법률이야. 보통 우리가 말하는 법들이 여기에 들어가. 형법은 범죄와 형벌과 관련된 법이고, 민법은 개인 간의 문제와 관련된 법이라 생각하면 돼. 그 밖에도 여러 가지 법이 있단다. 조약은 나라와 나라 간에 하는 약속 같은 거야. 이것도 법률과 같은 효력을 갖는단다. 그 다음, 법률에서 정한 내용에 따라 대통령이나 총리 등의 이름으로 정한 규범이 있고, 지방자치단체에서 정한 규범인 조례와 규칙이 있어.
복잡하지? 우리가 살아가는 사회에서 일어나는 사건들이 그만큼 복잡하다는 뜻이겠지!

엄마가 뿔났다!
★ 소비자보호

"애들이랑 놀다 올게요."

고윤이는 어디 가냐는 엄마 물음에 대충 얼버무리며 밖으로 나왔다. 여러 달 동안 모은 돈을 몽땅 주머니에 넣은 채였다.

고윤이는 어버이날 선물을 사러 나왔다. 이번에는 진짜 선물을 하려고 마음먹었다. 어른들처럼 선물을 사서 예쁜 상자에 담아드리고 싶었다. 마침 서정이도 고윤이와 같은 마음이었다.

정류장에서 만난 둘은 일단 마을버스를 타고 백화점이며 상가가 많은 지하철역으로 갔다.

제일 먼저 백화점으로 갔지만 금세 다시 나와야 했다. 거기서 선물을 사기엔 둘이 가진 돈이 너무 적었기 때문이다.

고윤이와 서정이가 풀이 죽어 서성거리고 있을 때, 반가운 소리가

어버이날 기념 화장품 초특가 세일

들렸다.

"특가 세일! 유명 화장품을 완전 싸게 드려요! 어버이날 선물로 안성맞춤인 화장품, 보고 가세요!"

둘은 서로 마주 보며 눈을 반짝였다. 저거다!

화장품 가게에는 사람들로 북적거렸다. 진열대는 반쯤 비어 있었다. 벌써 절반이나 팔린 모양이었다.

"아줌마! 엄마, 아빠가 쓰는 화장품은 어떤 거예요?"

서정이가 사람들 틈에서 계산대 앞에 있는 아줌마에게 물었다. 아줌마는 뒤에 진열되어 있던 상자 두 개를 꺼내 보여 주었다.

"어버이날 선물 찾니? 이걸로 해! 좋아하실 거야!"

"얼마예요?"

가격도 고윤이와 서정이가 사기에 딱이었다. 광고에서 본 것 같기도 한 화장품이었다. 백화점을 돌아보며 기운이 빠졌던 둘은 그걸로 결정하고 각자 돈을 지불했다.

가게를 나오는데 아줌마가 소리쳤다.

"얘들아, 그건 싸게 파는 거라 교환이나 환불은 안 된다!"

하지만 둘은 자기들에게 하는 말인 줄 모르고 그냥 가게를 나왔다. 모처럼 기특한 일을 했다는 뿌듯함에 아무 말도 안 들렸다.

고윤이는 엄마 모르게 쇼핑백을 감춰 방으로 들어가는 데 성공했다. 방문을 잠그고 테이프를 여기저기 붙여 가며 상자 두 개를 포장했다.

저녁을 먹고 엄마 아빠가 커피를 마시며 잠시 쉴 때였다.

고윤이가 방에 들어가 쇼핑백을 들고 쭈뼛거리며 거실로 나왔다. 그러더니 탁자 위에 상자 두 개를 꺼내 놓았다. 상자 위에는 각각 만든 꽃과 편지가 붙어 있었다.

"엄마 아빠 고맙습니다!"

고윤이가 꾸벅 절을 했다.

엄마 아빠 입이 벌어졌다.

"우리 고윤이, 이제 다 컸네!"

엄마와 아빠가 함박웃음을 지으며 포장지를 조심조심 풀었다.

"화장품이야? 아빠가 고윤이 덕분에 멋있어지겠네. 고윤아, 고맙다!"

상자를 열고 화장품을 꺼내며 아빠가 고윤이를 향해 윙크를 날렸다. 선물하는 기분이 이런 거구나. 고윤이 가슴속에서 뭔가가 스멀스멀 간질간질 피어올랐다.

"마침 엄마 화장품이 떨어진 걸 고윤이가 어떻게 알았을까?"

엄마가 화장품 뚜껑을 열고 손가락으로 듬뿍 덜어 톡톡톡 얼굴에 두드려 발랐다.

그런데 다음 날 아침에 보니 엄마 얼굴이 울긋불긋하니 좀 이상했다. 왜 그런지 묻자 엄마는 새 화장품을 쓰면 그렇다고 했다. 익숙해지면 괜찮다고 덧붙였다.

하지만 며칠이 지나도 엄마 얼굴은 여전했다. 아니 더 안 좋아지는 듯 보였다. 군데군데 뭐가 나기도 했고, 울긋불긋한 것도 여전했다.

"엄마 피부가 좀 예민해서 그래. 이건 좀 더 심하긴 하네. 걱정 마, 괜찮을 거야."

그렇게 또 며칠이 지난 어느 날 오후였다. 학교에서 돌아오니 엄마

가 고윤이를 불렀다.

"고윤아, 아무래도 화장품을 바꿔야겠다. 만든 지 오래돼서 변질됐나 봐. 이 화장품, 어디서 산 거야?"

"지하철역 앞에 있는 화장품 가게에서 샀는데……. 엄마, 안 바꿔 주면 어떡해?"

고윤이가 엄마 눈치를 보며 우물쭈물 대답했다.

"화장품에 이상이 생겨서 그러니까 바꿔 줄 거야. 걱정 마!"

엄마가 고윤이와 함께 지하철역 앞 화장품 가게로 갔다. 화장품 가게는 여전히 세일 중이었다. 가게 안의 물건은 거의 다 팔렸는지 진열장은 거의 비어 있었다. 손님도 없었다.

"어서 오세요!"

계산대에 있던 아줌마가 웃으며 인사를 했다.

"저, 이 화장품 며칠 전에 아이가 산 건데, 물건에 이상이 있나 봐요. 얼굴에 자꾸 뭐가 나고 가려워요. 생산한 지 너무 오래돼서 변질된 것 같은데, 좀 바꿔 주세요."

엄마가 말을 꺼내자 순식간에 아줌마 얼굴에서 미소가 사라지며 확 굳어졌다. 그러더니 고윤이 엄마가 내민 상자를 열고 화장품 뚜껑을 열었다.

"아니, 이렇게 많이 사용한 뒤에 바꿔 달라시면 곤란하죠. 못 바꿔

드려요."

"네? 생산한 지 3년도 넘은 데다 화장품에 문제가 있는데 바꿔 줄 수 없다고요?"

어이없다는 표정으로 엄마가 물었다.

"교환은 안 된다고 화장품 팔 때 이미 얘기했어요. 더구나 세일이면 당연히 오래된 재고를 판매할 수도 있잖아요. 처음부터 잘 확인하고 아니다 싶으면 사용하지 말았어야죠. 이렇게 많이 쓰고 이제 와서 이상하다니 믿기 어렵네요. 대개는 변질됐다 싶으면 한두 번 쓰고 바로 가져오거든요."

가게 아줌마는 엄마가 거짓말이라도 한다는 말투였다. 그 말을 들은 엄마 얼굴은 그 화장품을 발랐을 때처럼 빨갛게 달아올랐다.

"이봐요, 안 쓰던 화장품에 적응하느라 그런 줄 알았잖아요. 한 번 쓰고 가져왔으면 좀 더 써 보라고 했을 거 아니에요? 더 이상 말하기 싫으니까 바꿔 주세요. 아니, 그냥 환불해 주세요!"

엄마가 언성을 높였다.

그때, 화장품 가게 문이 열리면서 서정이 엄마가 들어섰다.

서정이 엄마는 고윤이와 고윤이 엄마는 보지도 못하고 계산대에 화장품 상자를 내려놓았다.

"저, 이것 좀 바꿔 주세요."

그때 옆에 서 있던 고윤이 엄마가 서정이 엄마를 알아봤다.

"서정이 엄마도 화장품 바꾸러 왔어요?"

"네. 얼굴에 뭐가 나더라고요. 고윤이 엄마도?"

고윤이 엄마와 서정이 엄마는 한편이 되어 계산대 아줌마를 쳐다봤다. 화장품 가게 아줌마는 당황한 눈빛으로 두 아줌마를 바라봤다.

아줌마와 두 엄마가 실랑이하는 모습을 보면서 고윤이는 자기 머리를 쥐어박고 싶었다. 그날 가게를 나갈 때 아줌마가 했던 말을 잘 들었어야 했다. 서정이랑 떠드느라 신경 쓰지 않은 게 잘못이었다. 만든 날짜를 확인해야 한다는 것도 몰랐다. 이제 어쩌지?

법에 물어보아요

구입한 물건을 안 바꿔 준대요
고윤이 엄마는 어떻게 해야 하나요?

소비자란?

'소비자'란 물품을 만들거나 수입·판매하는 사업자가 제공하는 서비스를 구입하거나 사용하는 사람이야. 「소비자기본법」에는 소비자에게 여러 권리가 있다고 되어 있어. 물품 등으로 인한 위험으로부터 보호받을 권리, 물품 등을 선택할 때 필요한 정보를 제공받을 권리, 물품 등의 사용으로 인해 피해를 보상받을 권리 등이지.

구입한 물건이 잘못됐을 때는?

고윤이와 서정이의 경우처럼 판매자가 보상을 거부할 때는 어떻게 해야 할까? 한국소비자원, 소비자피해구제기구 등의 도움을 받을 수 있어.

한국소비자원의 도움으로 보상을 받기까지의 과정을 살펴볼까? 먼저 교환을 거부당한 고윤이 엄마가 한국소비자원에 피해 사실을 알리게 되지. 그러면 소비자원은 사실을 조사하여 누구 잘못이 더 큰지 판단한 다음 양쪽이 합의하도록 권유

해. 만약 합의가 안 된다면 소비자분쟁조정위원회에서 결정하게 돼. 이 조정결정에 따르기 싫다면 민사소송을 제기해 재판을 받아야겠지.

'한국소비자원'의 대표전화는 1372야. 소비자와 관련된 문제 해결에 도움을 주는 곳이니 기억해 두면 좋겠지.

소비자, 권리만 있는 게 아니라 의무도 있다고?

소비자에게는 권리만 있을까? 그렇지 않아. 따라야 할 의무도 있단다. 구입하는 물품 등을 올바르게 선택하고, 앞에서 설명한 소비자의 권리를 정당하게 행사해야 해. 필요한 지식과 정보를 습득하기 위한 노력도 해야 하지. 자주적이고 합리적인 소비생활을 통해 국민경제 발전에 도움이 되어야 하고. 국가 및 지방자치단체에게도 소비자를 위한 의무가 있단다. 바람직한 소비생활을 위한 교육도 하고, 소비자와 사업자 간 분쟁을 원만히 해결하도록 기준도 정하고 적절한 조치를 취해야 해.

이처럼 법은 어느 한쪽의 권리나 의무만 강요하지는 않아. 양쪽이 모두 자신의 권리와 의무를 다할 때 더 좋은 사회가 될 수 있으니까 말이야.

아, 옛날이여!
★ 자연환경보존

드디어 여행이 시작되었다. 방학하고 열흘도 넘게 엄마를 조르고 졸라 겨우 얻어낸 여행이었다. 수홍이는 내심 워터파크를 기대했지만 아빠는 엉뚱한 곳을 선택했다.

"큰내리 가자. 물놀이에도 최고야! 마을 옆에 강만 한 냇물이 흐른다니까. 그래서 이름도 큰내잖아. 커다란 냇물!"

아빠는 초등학교까지 거기서 살았다고 했다. 얼마 전 우연히 어릴 적 친구와 연락이 닿았단다. 그래서 이번 기회에 친구와 함께 옛날 추억에 푹 잠기고 싶은 모양이었다.

마음대로 결정해 버린 아빠가 미웠다. 냇물이 커봤자 냇물이지! 하지만 3일 동안 학원에 안 가는 것만 해도 다행이라며 수홍이는 자신을 달랬다.

가는 동안 아빠는 침이 마르도록 큰내리를 자랑했다. 하지만 수홍이는 아빠 자랑을 자장가 삼아 쿨쿨 잤다.

세 시간을 달려 고속도로를 벗어나 마을에 접어들었다. 그런데 그때부터 아빠가 갑자기 조용해졌다.

'이상하다. 이런 곳이 아니었는데. 공장이 언제 이렇게 많아진 거야. 골프장도 있잖아. 사람은 또 왜 이렇게 많지?'

수홍이는 아빠의 혼잣말을 들으며 고개를 저었다. 이번 여행은 별로일 것 같다는 예감이 팍팍 밀려들었다.

수홍이네 가족이 펜션에 도착해 짐을 내리는데 안에서 웬 아저씨가 달려 나왔다.

"호준아, 왔구나!"

"명진아!"

아빠가 환하여 웃으며 아저씨를 향해 달려갔다. 그리고 두 아저씨는 한참을 얼싸안고 있었다. 그러더니 마주 보며 씩 웃었다.

"어디, 얼굴 좀 보자! 야, 넌 그대로구나!"

수홍이가 두 아저씨를 구경하다 보니 옆에 또래 아이가 서 있었다. 아저씨 아들, 현수였다.

만남의 기쁨을 진정시킨 아저씨가 계곡으로 놀러가자고 했다. 이것저것 챙겨 아저씨 트럭을 타고 길을 나섰다.

아줌마가 운전을 하고 현수와 수홍이, 수홍이 엄마는 앞좌석에 앉았다. 짐칸에 나란히 앉은 아저씨와 아빠는 할 말이 너무 많은 얼굴이었다.

"그런데 멀리 계곡까지 가야 해? 마을에 있는 냇가로 가면 되잖아?"

"에휴! 그거 다 오래전 이야기지. 지금은 공장들이 많이 들어서고 거기서 지하수를 써서 그런지 물이 많이 줄었어. 그때처럼 깨끗하지도 않아. 공기도 나빠졌잖아!"

"그랬구나! 안 그래도 많이 변했다 했어."

수홍이 아빠와 아저씨가 동시에 한숨을 크게 내쉬었다.

아저씨는 차에서 내려서도 한참을 산속으로 데리고 들어갔다. 그러자 얼음처럼 차가운 물이 폭포처럼 떨어지는 계곡이 나타났다.

수홍이 아빠와 아저씨는 맥주를 마시며 옛날이야기를 하느라 바빴다. 수홍이와 현수는 다이빙을 하며 맘껏 물놀이를 즐겼다. 워터파크와는 달랐지만 생각보다 재미있었다.

저녁까지 맛있게 먹고 집으로 돌아와서도 두 아저씨의 수다는 이어졌다. 옥수수에 수박까지 잔뜩 먹은 수홍이는 언제 잠드는지도 모르게 잠들고 말았다.

다음 날은 느지막이 아침을 먹고 두 가족이 현수네 밭으로 함께 나

갔다.

"야, 밭 옆에 왜 이렇게 넓은 도로가 있어?"

현수 아빠는 산속에 호텔과 골프장이 들어서면서 만들어진 길이라고 했다.

"이 도로 때문에 피해가 이만저만이 아니야. 가로등이 밤새도록 켜 있어서 콩이며 시금치가 잘 안 자란다니까. 벌레도 다른 논보다 많고. 여기 시금치는 반값도 못 받을 것 같아."

그러고 보니 시금치가 키도 작고 여기저기 누런 잎도 보였다. 가로등이 있으면 밝아서 좋은 건 줄 알았는데 그게 아닌 모양이었다.

"시금치나 콩도 푹 자야 잘 자란대."

현수가 궁금해하는 수홍이에게 알려 주었다.

어른들이 시금치를 뽑는 동안 수홍이는 현수를 따라다니며 노느라 바빴다. 산딸기를 따서 먹으려고 했지만 현수가 그냥 먹으면 안 된다고 말렸다. 대신 집에서 챙겨온 수박을 먹으라고 했다.

여기저기 뛰어다니느라 지친 수홍이와 현수가 더위를 식히러 냇가로 갔다. 어제 계곡을 생각했던 수홍이는 미적지근한 냇물에 실망하고 말았다. 게다가 물은 수홍이의 무릎을 넘을까 말까 하는 정도였다.

아저씨가 어제 왜 여기로 오지 않았는지 알 것 같았다. 아빠가 여

길 보면 정말 실망이 크겠다 싶었다. 아빠가 옛날에 냇가에서 수영도 하고 고기도 잡았다며 자랑했었는데. 아쉬웠다. 이제 '큰내'가 아니라 '작은내'였다.

그때 무엇인가 수홍이 다리에 부딪쳤다. 수홍이 손바닥보다 조금 더 큰 물고기였다. 죽은 채 배를 뒤집고 떠내려가는 중이었다.

그런데 한 마리가 아니었다. 여기저기 고기들이 배를 뒤집고 떼로 흘러갔다.

"떼죽음이다."

수홍이와 현수는 놀라서 얼른 물 밖으로 나왔다. 그리고는 현수네 밭으로 달려갔다.

"아빠, 아빠! 물고기들이 죽어서 떠내려와요. 빨리 가요, 빨리요!"

두 아빠와 두 아이가 달려와 보니 죽은 물고기들이 여기저기 떠 있었다. 게다가 냇물은 색깔조차 달라져 있었다. 이상한 냄새도 났다.

현수 아빠가 휴대전화를 꺼내 경찰에 신고했다.

"이런 날이 올 줄 알았어! 얼마 전엔 검은 비도 내렸다니까!"

아저씨는 바닥에 주저앉아 멍하니 냇물만 바라보고 있었다.

그때 현수가 수홍이 다리를 가리키며 소리쳤다.

"수홍아. 너 다리 이상해!"

냇물 때문인지 수홍이 다리에 벌겋게 두드러기가 부풀어 오르고

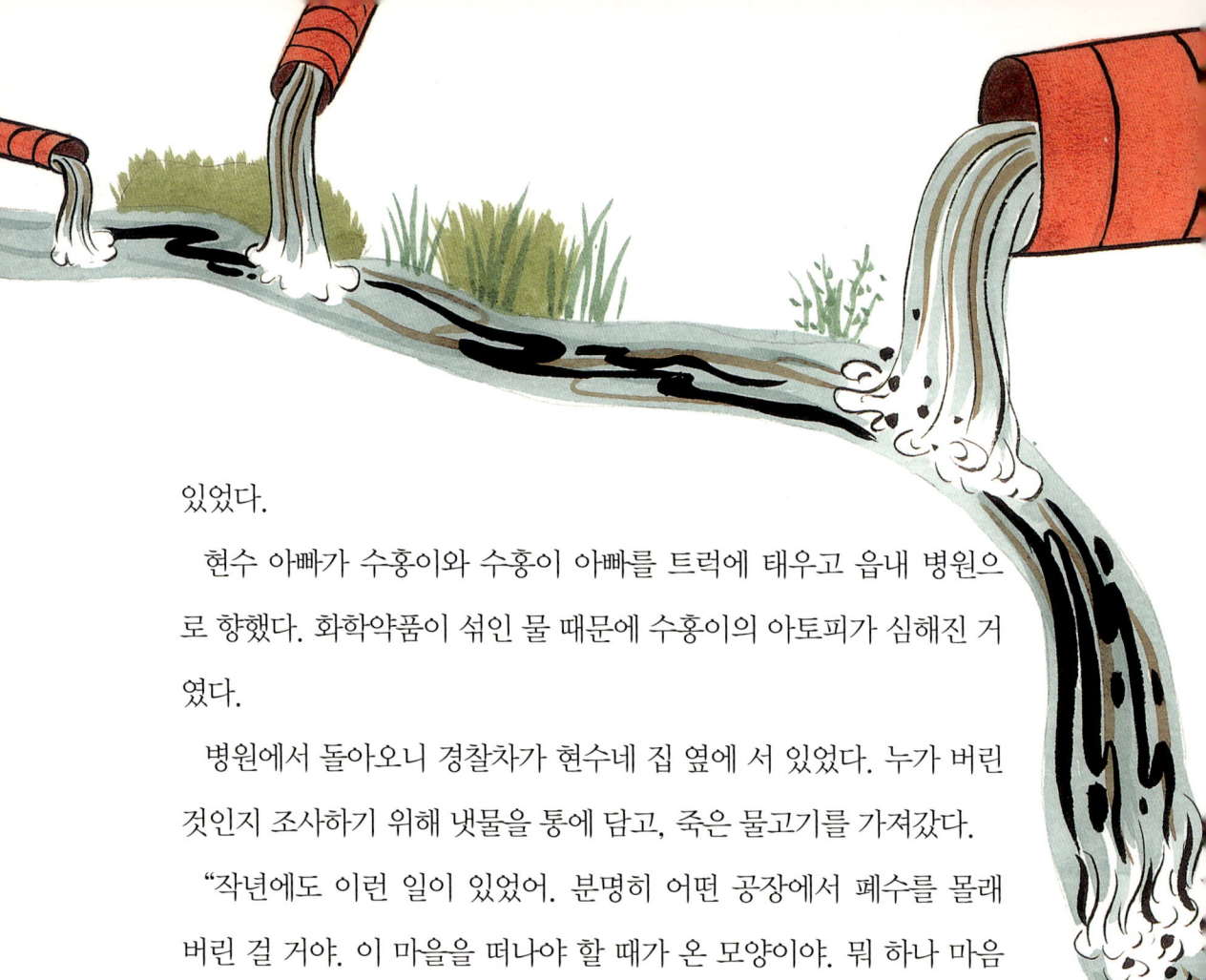

있었다.

　현수 아빠가 수홍이와 수홍이 아빠를 트럭에 태우고 읍내 병원으로 향했다. 화학약품이 섞인 물 때문에 수홍이의 아토피가 심해진 거였다.

　병원에서 돌아오니 경찰차가 현수네 집 옆에 서 있었다. 누가 버린 것인지 조사하기 위해 냇물을 통에 담고, 죽은 물고기를 가져갔다.

　"작년에도 이런 일이 있었어. 분명히 어떤 공장에서 폐수를 몰래 버린 걸 거야. 이 마을을 떠나야 할 때가 온 모양이야. 뭐 하나 마음에 드는 게 없어!"

　수홍이 아빠는 할 말을 찾지 못하고 현수 아빠 어깨만 가만히 토닥여 주었다.

　2박 3일을 보내고 수홍이네 가족이 돌아갈 날이 되었다. 수홍이네 가족이 출발할 무렵 현수네 집에 마을 사람들이 모여들었다. 물고기 떼죽음 사건 때문이었다. 이제 더 이상 참을 수 없다고들 목소리를 높였다. 그래서 모여서 그 일을 의논한다고 했다.

수홍이 아빠와 현수 아빠는 처음 만났을 때처럼 꼭 끌어안았다.

"이제 자주 보자. 내가 도울 일 있으면 언제든 연락해!"

"그래. 내가 폐수 버린 공장 혼내고, 큰내 찾아 놓을 테니 너도 자주 놀러 와라."

수십 년 만에 만난 두 친구는 헤어지기 아쉬웠는지 계속 손을 잡은 채 놓지 못했다. 현수와 수홍이도 아빠들처럼 오래된 친구 흉내를 내며 꼭 끌어안았다.

> 법에 물어보아요

폐수를 함부로 버린 공장, 어떤 벌을 받게 되나요?

환경오염이란?

사람들이 '환경'이라고 할 때는 대체로 지구의 모든 생물과 무생물을 합친 '자연환경'을 말하는 거야. '환경 오염'이라고 하면 인간의 어떤 활동 때문에 발생하는 대기, 수질, 토양 오염 및 소음, 빛 공해 등으로 자연환경이나 생활환경을 손상시키는 것을 말해. 결국 환경을 오염시키는 주범은 인간이라는 거지. 자연환경은 어느 정도의 오염은 스스로 없앨 수 있는 자정능력을 갖고 있어. 그런데 점점 그 자정능력을 초과할 정도로 환경오염이 심해지고 있어서 걱정이야.

산업폐기물을 버려 피해를 준다면?

「폐기물관리법」에 따르면 폐기물이란 쓰레기, 폐유, 타고 남은 물질, 동물의 사체 등 사람의 생활이나 사업 활동에서 필요 없게 된 물질을 말해. 공장 등에서 나오는 사업장폐기물, 그 외에서 나오는 생활폐기물 등이 있어. 폐기물은 워낙 종류가 많아서 각 분야별로 해당하는 법이 따로 정해져 있단다. 폐수는 「수질 및 수생태계 보전에 관한 법률」에 따라 적용하지.

현수네 마을 냇가에서 발생한 사건처럼 공장과 주민들 간에 환경 관련 분쟁이 생길 수 있겠지? 그럴 때는 환경분쟁조정위원회에서 조정하고 해결을 도와준단다. 환경오염 또는 환경훼손으로 피해가 발생한 경우에는 「환경정책기본법」에 따라 원인을 만든 자 그러니까 폐수를 버린 공장에서 피해를 배상해야 해.

환경오염 행위를 신고하면 포상금을 지급하는 지방자치단체도 있어. 하지만 포상금이 아니더라도 환경을 오염시키는 행위를 그냥 두고 보면 안 되겠지.

자연환경을 지키기 위한 법도 있다고?

자연환경을 왜 보전해야 할까? 자연환경이라 하면 지하, 지표 및 지상의 모든 생물과 이들을 둘러싸고 있는 비생물적인 것을 포함한 자연의 생태계 및 자연경관을 포함한 상태를 말해. 자연환경이 훼손되면 지금 우리에게만 문제가 생기는 게 아냐. 우리의 먼 후손들까지 건강한 삶을 살 수 없게 되지.

이 자연환경을 보전·관리하여 자연환경의 지속가능한 이용을 도모하고, 국민이 쾌적한 자연환경에서 여유 있고 건강한 생활을 할 수 있도록 함을 목적으로 제정된 법이 「자연환경보전법」이야. 이 법에 따르면 자연환경은 모든 국민의 자산으로서 공익에 맞도록 사용해야 한다고 되어 있어. 또 국토의 이용과 보전이 조화롭게 균형을 이루어야 하고, 환경보전에 따르는 부담은 공평하게 나눠 가져야 한다고 되어 있어. 그러니까 우리 모두가 자연환경의 주인이고, 우리 모두가 함께 소중하게 지켜야 한다는 거지.

나도 같이 하자
★ 차별

"영석아, 오늘도 잘 지내."

"응. 엄마, 안녕!"

영석이가 실내화를 갈아 신고 들어갈 때까지 엄마는 손을 흔들며 현관에 서 있었다. 엄마는 영석이가 오늘도 친구들과 무사히 잘 보내기를 기도하며 몸을 돌렸다.

영석이는 5학년이지만 몸집이 6학년만큼이나 컸다. 하지만 발달장애가 있어서 지능이 2학년 정도이다. 그래서 엄마는 늘 영석이가 친구들과 잘 어울리지 못하는 게 걱정이었다. 사회성이 부족한 영석이는 뜻대로 되지 않으면 어린애처럼 울거나 소리를 질러 댔다. 한 번 떼를 쓰기 시작하면 누구도 말릴 수가 없었다. 그래서 영석이와 짝이 되거나 같은 모둠이 되는 아이들은 투덜거리기 일쑤였다.

"야, 바보! 넌 그냥 가만히 있어라. 거치적거리지 말고!"

팀을 나눠 축구 시합이라도 할라치면 모두 영석이를 꺼렸다.

"영석이랑 같은 팀 하기 싫어요!"

"축구도 못 하면서 패스도 안 해요!"

아이들은 영석이를 구박하고 따돌렸다. 그러면 그럴수록 영석이도 친구들을 괴롭히고 떼를 쓰곤 했다.

"영석이는 여러분과 함께 공부해야 좋아질 수 있어요. 그러니 우리가 도와줘야죠!"

선생님은 아이들이 영석이와 잘 지내게 하려 애썼지만, 아이들은 노골적으로 거부했다.

"영석이에게는 도움이 될지 몰라도 우린 손해잖아요. 그건 불공평해요!"

오히려 선생님에게 항의를 하기도 했다.

"여러분, 보름 후에 운동회가 열립니다. 5학년 장기자랑은 반별로 세 팀이 나가기로 했어요. 누가 어떤 장기를 보여줄지 의논해 보세요."

갑자기 영석이가 손을 번쩍 들었다.

"선생님, 저 노래하고 춤도 출 수 있어요. 엄마가 잘한다고 했어요.

하게 해 주세요."

영석이의 말이 끝나기도 전에 아이들이 와 웃음을 터뜨렸다.

"음악시간에 배우는 노래도 제대로 못하면서 뭐?"

"너희 엄마니까 잘한다고 해 주는 거지. 하여튼 바보는 어쩔 수 없다니까."

영석이는 아이들에게 뭐라고 대꾸하고 싶었지만 어떻게 말해야 할지 몰랐다. 결국 영석이는 늘 그랬던 것처럼 울음을 터뜨리고 말았다.

"하여튼 저 바보."

영석이의 울음소리에 아이들은 귀를 막으며 고개를 저었다.

엉망진창 시끄러워진 교실을 보며 뭔가 생각에 잠긴 선생님이 한숨을 쉬었다.

다음 날 선생님은 운동회에 반 대항 줄다리기가 추가되었다고 했다. 사실 영석이 담임선생님의 제안이었다. 영석이와 같은 아이들까지 모두 참여할 수 있는 경기가 필요하다고 생각했기 때문이었다.

"그럼 줄다리기는 어떻게 연습하면 좋을지 생각해 볼까요?"

아이들이 여기저기서 웅성거렸다.

"일단 두 팀으로 나눠 시합을 해 봐요."

"맨 앞에 힘센 친구가 있어야 해요."

"아니야. 맨 뒤에 힘센 애들이 있어야 돼!"

일단 팀을 나눠 줄다리기를 직접 해보면서 작전을 짜기로 했다. 출석 번호 홀수팀과 짝수팀으로 나눴다. 12번인 영석이는 짝수팀이었다. 그런데 마침 그 날은 두통이 심하다며 영석이가 결석한 참이었다.

결과는 짝수팀의 패배였다. 그래도 영석이가 없어서 짝수팀이 졌다고 생각하는 아이는 아무도 없었다. 아이들은 영석이는 잊은 채 이렇게 저렇게 방법을 바꿔 가며 줄다리기 연습을 했다.

다음 날은 영석이도 줄다리기 연습에 참여하게 되

었다. 하지만 결과는 어제와 마찬가지, 짝수팀의 패배였다. 아이들은 어이가 없었다.

"혹시나 했더니 역시나였네. 어떻게 한 명이 늘어도 소용이 없냐!"

"그러게, 영석이 쟤는 진짜 쓸모없다."

아이들은 짝수팀이 진 게 모두 영석이 잘못이기라도 한 것처럼 한마디씩 투덜거렸다.

영석이는 아이들이 왜 자기에게만 뭐라 하는지 영문을 몰랐다. 하지만 아이들이 줄다리기에서 빠지라고 할까 겁나서 무조건 사과했다.

"미안해, 미안해! 이제 잘할게."

아이들은 늘 그랬듯이 한숨을 쉬며 교실로 들어가 버렸다.

운동회 날이 되었다.

줄다리기는 이미 반별 예선을 거쳐 4강이 남아 우승을 다투게 되었다. 영석이네 반은 4반과 준결승전에서 만났다. 쉽지는 않았지만 2 대 0으로 영석이네 반이 이겼다.

영석이는 뒤쪽에서 죽을힘을 다해 줄을 당겼다. 줄다리기가 끝나고 보니 영석이의 손바닥은 벗겨져 피가 나고 있었다. 하지만 영석이는 누가 볼세라 얼른 손바닥을 바지에 쓱 문질러 피를 닦았다.

'피 난다고 결승전에 빠지라고 하면 큰일이야. 쉿!'

드디어 결승전이 시작되었다. 영석이네 3반과 상대팀 6반 모두 사기가 하늘을 찌를 듯했다.

영석이는 손바닥을 호 불어 준 다음 줄을 잡았다. 저만치 앞에서

힘내자며 소리치던 주현이가 영석이와 눈이 마주쳤다.

"영석이 너, 오늘 잘해라!"

"걱정 마!"

응원인지 협박인지 주현이의 한마디에 영석이는 손바닥이 아픈 것도 다 잊었다. 그러곤 주현이를 향해 손을 흔들었다.

탕 소리와 함께 줄이 팽팽해졌다. 영석이는 아픈 손바닥도 잊고 줄을 당겼다.

그런데 갑자기 영석이 앞에 있던 민영이가 미끄러졌다. 그 바람에 영석이와 뒤에 있던 동현이까지 줄줄이 넘어지며 줄을 놓쳤다. 결과는 영석이네 반의 패배.

"야, 바보! 너 때문에 우리가 졌잖아!"

먼저 미끄러진 민영이가 영석이를 떠밀며 다그쳤다. 놀란 영석이는 그 자리에서 울음을 터뜨렸다.

"아니야, 나 아니야."

영석이는 그저 아니라는 말만 하면서 눈물을 멈추지 않았다. 선생님이 우는 영석이를 데리고 운동장 구석으로 갔다.

"야, 영석이 손 봤어? 피 나던데."

"나도 봤어. 줄다리기 하다 벗겨졌나 봐. 하여튼 미련해. 살살 좀 하지 피가 나도록 하냐."

아이들은 슬그머니 자기 손바닥을 내려다보며 영석이의 손바닥을 떠올렸다. 하지만 바보라서 어쩔 수 없다고 다른 때처럼 빈정대는 아이는 아무도 없었다.

영석이를 달래서 데려온 선생님이 아이들을 향해 말했다.

"여러분, 이제 '공 이어 굴리기' 준비하세요."

하지만 아이들은 선뜻 움직이지 않고 우물쭈물했다. 그러다가 한 아이가 말했다.

"영석이는요? 영석이도 같이 해야죠."

"왜? 영석이는 못해서 싫다며?"

선생님이 톡 쏘았다.

"아, 아니에요. 영석이가 우리보다 열심히 했어요."

"솔직히 저는 손이 아파서 살짝 놓았는데, 영석이는 피가 나는데도 줄을 꽉 잡고 있었어요."

아이들이 한마디씩 했다.

"그래? 그럼 영석이도 할래?"

선생님이 영석이를 돌아보며 물었다.

"네! 저도 할 거예요."

영석이가 벌떡 일어났다. 그리고 곧 아이들과 어깨동무를 하고 운동장으로 달려갔다. 그런 모습을 쳐다보면서 선생님은 씩 웃었다.

> 법에 물어보아요

장애가 있는 친구라고 한 팀으로 끼워 주지 않는 건 왜 잘못인가요?

장애인이란?

'장애인'은 신체장애, 정신장애 등 여러 이유로 일상적인 활동을 하는 데 불편함을 가진 사람을 이르는 말이야. 장애인은 태어났을 때부터 장애를 가진 선천적 장애인과 사고 등으로 살면서 장애를 갖게 된 후천적 장애인으로 나눌 수 있어.

'장애인'의 반대말이 무엇인지 아니? '정상인'이라고 생각하는 사람이 많은데 아니야. 장애인의 반대말은 '비장애인', 그러니까 '장애가 없는 사람'이란다. 장애인이 정상이 아니라는 생각은 잘못된 거야.

장애를 이유로 학교에서 차별한다면?

「장애인 등에 대한 특수교육법」에 따르면 장애를 이유로 학생의 입학을 거부해서는 안 돼. 수업이나 교내외 활동 참여를 막거나 차별해서는 안 된다고도 되어 있어. 영석이를 학교에서 하는 활동들에 빠지라고 하면 안 된다는 거야. 전학을 강요해도 물론 안 돼. 이를 위반하는 경우 해당 교육기관의 책임자는 300만 원 이하의 벌금에 처해져. 교육책임자는 장애학생에게 필요한 도구 등을 제공할 의무도 있단다.

장애학생은 불리한 조건으로 공부해야 하니까 오히려 그만큼 더 많은 도움이 필요하단다. 그래서 법에서는 우선적으로 장애학생은 수업료 등을 면제받거나 교육비를 보조받을 수 있다고 정해 두었어. 직업교육훈련도 우선적으로 받을 수 있다고 하고. 그러면 비장애인에게 불공평하다고 생각하는 친구들도 있겠지? 하지만 느린 거북이와 빠른 토끼가 달리기 시합을 한다고 생각해 봐. 같은 선에서 시작해도 토끼가 먼저 도착할 확률이 높잖아. 그래서 장애인에게 우선적으로 기회를 주어야 하는 거야.

인간이라면 누구나 갖는 권리, 인권

'인권'은 인간이 인간답게 살 수 있는 지위와 자격을 말해. 민족이나 국적, 장애, 성별, 출신국가, 인종 등 어떠한 조건이나 제한 없이 누구나 똑같이 갖고 있는 권리야. 결국, 이 세상에서 차별받아도 되는 인간은 아무도 없다는 뜻이지. 이러한 인권이 누구에게나 있다고 생각하게 된 것은 200여 년 전에 있었던 프랑스 혁명부터라고 본단다. 그전에는 그런 생각도 못했다는 거야. 그건 귀족이니 평민이니, 양반이나 노비니 하는 신분제도 때문이었지.

지금도 인권이 침해당하는 사건들이 생기곤 해. 그런 일을 막고 인권의 보호와 향상을 위한 업무를 수행하기 위해 설립된 기관이 '국가인권위원회'란다. 여기서는 인권이나 평등권이 침해당하는 일을 조사하고 필요한 조치를 취하는 일을 해. 그러면 해당 기관에서는 이를 따르기 위해 노력해야 해.

청소년을 속이는 어른이라니
★ 청소년보호

"너희, 고등학생 맞아? 아닌 것 같은데."

"마, 맞다니까요. 진짜예요."

성현이가 더듬더듬 대답하는 동안 옆에 있는 도연이도 그렇다며 계속 고개를 끄덕거렸다. 주인아저씨는 독심술이라도 하듯 도연이와 성현이 얼굴을 뚫어지게 쳐다보다가 말했다.

"알바하던 애가 갑자기 그만둬서 정신없으니까 일단 일부터 해!"

아저씨는 도연이와 성현이가 중학생인 걸 눈치 챈 것 같았지만, 더 이상은 문제 삼지 않았다. '다행이다' 둘이 눈빛을 주고받는데 아저씨가 앞치마 두 개를 가져와 내밀었다.

"어서 오세요."

도연이는 조금 쑥스러웠지만 식당으로 들어서는 손님에게 인사를 하고 음식을 날랐다.

　일을 끝내고 집으로 가는 길에 성현이가 물었다.

　"돈 받으면 넌 뭐 할 거야? 난 스마트폰부터 살 거야. 짠순이 우리 엄마가 안 사 준다잖아."

　"좋겠다. 난 돈 모아서 엄마랑 여행 가고 싶어. 아빠 돌아가시고 나서 여행을 한 번도 못 갔거든. 우리 엄마, 여행을 진짜 좋아하는데."

　"그럼 우리, 3개월 동안 같이 버티는 거다, 약속!"

　둘은 새끼손가락을 걸고 흔들었다.

　도연이는 엄마와 둘이 산다. 1년 넘게 병을 앓던 아빠가 도연이 6학년 때 돌아가신 후 두 식구만 남은 것이다. 집에서 살림만 하던 엄

마가 가정집 도우미 일을 시작했다.

도연이네 가족은 아빠가 아프기 전까지만 해도 틈만 나면 여행을 다녔다. 그런데 아빠가 아프면서 여행은 중단되었고 어느새 3년이 넘었다. 도연이는 고생하는 엄마에게 뭔가 그럴듯한 선물을 하고 싶었다.

'엄마가 제일 좋아하는 남해로 갈까? 아니면 아빠가 좋아하던 지리산으로 갈까?'

모은 돈을 내놓으며 여행을 가자고 말하는 상상만으로도 도연이는 일이 힘든 줄 몰랐다.

그렇게 아르바이트를 시작한 지 5일째 되는 금요일이었다. 일이 끝날 무렵 주인아저씨가 도연이와 성현이를 불렀다.

"자, 알바비다. 주말 잘 쉬고 월요일에 보자."

둘은 꾸벅 인사를 하며 봉투를 받았다. 성현이가 냉큼 돈을 꺼내 셌다. 7만 원이었다. 이상했다. 처음에 시간당 5천 원 준다고 했었는데. 그럼 네 시간 일하면 하루에 2만 원이고 5일이면 10만 원이어야 했다.

"사장님, 돈이 안 맞는데요."

"너희들, 처음이라고 사고 많이 쳤잖아. 손님 옷에다 반찬도 쏟고, 거기다 3일 전에는 늦게 왔지. 당연히 그건 빼야지."

성현이가 뭐라고 대꾸하려 할 때 하필 전화벨이 울렸다. 아저씨는 수화기를 들면서 둘에게 가라고 손짓을 했다.

둘은 더 이상 말도 못 하고 떠밀리듯 밖으로 나왔다.

어이가 없었다. 겨우 30분 늦었는데. 거기다 흘린 반찬 때문에 손님이 옷을 버린 것도 아니었는데.

버스정류장에 놓인 벤치에 걸터앉으며 성현이가 투덜거렸다.

"겨우 그것 때문에 3만 원이나 뺀다고? 진짜 너무하다 저 아저씨!"

"다음에는 정말 다 줄까?"

왠지 불안했지만 그렇다고 다른 아르바이트를 구하기도 어려웠다. 도연이와 성현이는 일단 한 주 더 해 보기로 했다.

기운이 쭉 빠진 도연이가 한숨을 푹 쉬었다. 석 달만 일하면 엄마랑 서너 번은 여행할 수 있다고 생각했는데 힘들 것 같았다. 스마트폰이 저만큼 도망친 것 같아 성현이도 짜증이 났다.

한동안 그렇게 앉아 있던 성현이가 도연이의 손을 꽉 쥐었다. 다음 주에는 다 받자며, 늦지도 말고 실수도 하지 말자고 했다.

그 다음 일주일 동안 둘은 정말 1초도 늦지 않았다. 떡볶이를 먹자는 친구들의 유혹도 뿌리쳤고, 교실 청소를 안 하고 도망가기도 했다. 아저씨에게 꼬투리 잡히지 않으려고 온통 긴장 속에서 살았다.

그렇게 5일을 보내고 드디어 급여를 받는 날이 되었다. 그런데 일이 끝날 때까지 아저씨가 보이지 않았다.

"아줌마, 오늘 사장님 안 나오세요?"

성현이가 김밥을 말고 있는 아줌마에게 물었다.

"몰랐어? 사장님네 미국으로 여행 갔잖아, 2주 있다 온다던데."

도연이와 성현이는 동시에 의자에 털썩 주저앉았다.

"그럼 우리 알바비는 어떡해요?"

아줌마는 사장님에게 아무 말도 못 들었다며 걱정 말라고 했다. 설마 떼먹기야 하겠냐면서.

기가 막혔지만 그냥 일할 수밖에 없었다. 따지려 해도 따질 사람이 없었다. 그 다음 2주일은 20년만큼 길었고, 시간이 멈춘 듯 천천히 지나갔다. 돈을 못 받으니 일은 더 하기 싫었다. 도연이는 하루하루 받을 돈을 더해 가며 날짜를 지워 갔다.

드디어 2주가 지났다. 식당에 가서 아저씨를 봤을 때 도연이는 작년에 전학 간 친구를 만난 것처럼 반가웠다. 밀린 급여를 받을 생각을 하니 일하는 동안에도 입이 저절로 벌어졌다.

정해진 시간이 지나고 도연이와 성현이가 계산대에 앉아 있는 아저씨에게 다가갔다.

"사장님, 저희 알바비요."

"아, 그래. 줘야지!"

아저씨가 금고를 열고 봉투 두 개를 꺼내 하나씩 나눠 주었다. 3주 치라 그런지 봉투가 두툼했다. 세 볼 자신이 없던 성현이가 얼마인지 물었다.

"15일치야. 24만 원!"

"네? 왜요?"

예상보다 적은 액수에 도연이와 성현이가 한 목소리로 되물었다.

"너희들, 중학생이잖아! 그런데 고등학생이랑 똑같이 받으려고? 그건 아니지. 80퍼센트 넣었다. 그 정도만 해도 내가 많이 생각해 준 거야. 이번에는 하나도 빼진 않았잖아. 가 봐!"

"아저씨, 그렇다고 우리가 일을 고등학생보다 못한 것도 아니잖아요? 다 주세요."

흥분하기 잘하는 성현이가 따지고 들었다.

"야, 중학생을 받아 준 것만 해도 고마운 줄 알아야지. 얻다 대고 이래라 저래라야!"

다시 소리치려는 성현이를 말리며 도연이가 입을 열었다.

"아저씨, 지난번에도 3만 원이나 깎으셨잖아요. 처음에 약속한 대로 주세요."

도연이의 목소리가 파르르 떨렸다.

"애들이 뭘 모르네. 너희, 중학생은 알바하면 안 되는 거 모르지?

너희들, 내가 신고하면 경찰에 잡혀가. 그러니까 그거 받고 조용히 일하든가 나가든가 맘대로 해!"

경찰에 잡혀간다는 말에 얼어 버린 도연이와 성현이는 아무 말 못 하고 식당에서 나왔다. 둘은 조용히 걷기만 했다. 그러다 갑자기 성현이가 걸음을 멈추고 '악!' 고함을 질렀다.

"뭐 저런 어른이 다 있어! 어른이 우리 같은 애들을 속이냐 진짜!"

점점 더 화가 나는지 성현이는 발까지 굴러 댔다.

그때 도연이가 뭔가 생각난 듯 성현이를 불렀다.

"성현아, 아까 중학생이 알바하면 안 된다고 했잖아, 그럼 중학생한테 일을 시킨 그 아저씨도 잘못한 거 아냐?"

"그게 뭐! 신고라도 하자고?"

그러자니 아르바이트를 시작할 때 고등학생이라고 거짓말한 게 걸렸다. 아저씨 말대로 벌이라도 받으면 어쩌나 겁도 났다.

하지만 그냥 넘어가기에는 너무 억울했다. 그 아저씨가 일부러 도연이와 성현이를 속인 게 분명했다. 어떻게 혼내 줘야 하나?

뭘 어떻게 해야 할지 답도 모른 채 고민하던 둘의 눈이 마주쳤다. 그래, 그렇게 하자!

둘은 부지런히 걸어 학교 옆에 있는 파출소 문을 열고 들어갔다.

법에 물어보아요

도연이와 성현이를 속인 나쁜 아저씨, 어떤 벌을 받나요?

청소년이란?

「청소년 보호법」에서는 청소년을 만 19세 미만으로 보고 있어. 법에는 청소년의 균형 있는 발전을 위해 가정, 사회, 국가 및 지방자치단체 등 모든 국민이 노력해야 한다고 되어 있단다. 나라의 미래가 달려 있는 청소년이 잘 자라야 한다는 뜻이겠지.

청소년을 위한 법이 여러 가지 있어. 유해한 환경으로부터 보호해 주어 청소년이 건전한 인격체로 성장할 수 있도록 도와주려는 게 「청소년 보호법」이야. 「청소년 복지 지원법」은 청소년의 문화 시설 사용 우대, 건강 관리 등에 도움을 주는 법이지. 「아동·청소년의 성보호에 대한 법률」은 아동이나 청소년을 대상으로 한 성범죄의 처벌과 절차에 관해 특별히 만든 법이야. 이 밖에도 여러 법이 있단다.

청소년에게 부당하게 일을 시킨 사람은?

도연이와 성현이는 어떻게 해야 할까? 「근로기준법」에 따르면 청소년에게 일을 시키려는 사람은 반드시 근로계약서를 작성하고 하는 일이나 임금에 대해 자세히 알려 주었어야 해. 그런데 아저씨는 약속을 어기고 임금을 덜 주었으니까 형사처벌 받게 될 거야. 그러니까 도연이와 성현이가 신고하러 간 건 아주 잘한 거야.

하지만 아저씨 말대로 「근로기준법」에는 15세 미만, 중학생이라면 18세 미만까지는 일할 수 없게 되어 있단다. 그때까지는 일보다 성장이 우선이라고 보기 때문이야. 물론 특별히 허가를 받으면 할 수 있지. 만약 18세 미만인 청소년에게 일을 시킬 때는 사용자는 일하는 청소년의 나이를 확인한 증명서와 친권인이나 보호자의 동의서를 보관하고 있어야 해.

학생의 자유가 먼저인가, 관리가 먼저인가? 학생인권조례

「학생인권조례」라는 게 있어. 학교교육과정에서 학생의 인권이 보장되고 실현되도록 각 교육청에서 제정한 법적 규칙이야. 학생이 학교에서 차별·폭력을 당하지 않을 권리, 두발과 복장 등에서 개성을 실현할 권리, 소지품 검사 금지 등 사생활의 자유를 보장하는 내용으로 되어 있지.

이미 경기도·서울·광주 교육청 등에서 학생인권조례를 공포했단다. 하지만 학교장이 학칙을 제정·개정할 수 있도록 「초·중등교육법」도 개정되었어. 그러니까 「학생인권조례」가 학교에서 지켜지지 않을 수도 있게 된 거야. 국민들 사이에서도 찬반 갈등이 심하단다. 나쁜 뜻을 품고 학생인권조례를 이용해서 교사의 인권이 침해되거나 학생관리가 힘들 수 있다는 거지. 어떻게 하면 좋을까?

아빠는 거짓말쟁이
★ 가정폭력

딩동!

퇴근하는 아빠 손엔 빨간 장미가 한 다발 들려 있었다. 물론 피자 한 판도 빼먹지 않았다. 정운이는 그 장미도, 피자도 끔찍했다. 한 달이면 두세 번, 저런 모습으로 들어오는 아빠가 지겹고 무서웠다. 하지만 정운이는 아무 말 없이 문을 열고 아빠 손에서 피자를 받아 들었다.

아빠는 정운이 머리를 쓰다듬고 잠깐 기다리라며 안방으로 장미를 든 채 들어갔다.

"여보, 미안해! 앞으론 안 그럴게. 다시는 술 안 마실게. 이번엔 꼭 지킬게. 진짜 약속해!"

아빠는 되풀이되는 노래 후렴처럼 똑같은 대사를 엄마 앞에서 반

복해 왔다.

정운이는 피자를 내다 버리고 싶지만 그럴 수도 없었다. 아빠가 또 어떻게 변할지 알 수 없기 때문이다.

아빠가 안방에서 엄마를 데리고 나왔다. 세 식구는 식탁에 둘러앉아 피자를 먹었다. 아빠는 미소 띤 얼굴로 엄마에게도 한 조각, 정운이에게도 한 조각 피자를 건넸다. 고개를 숙이고 피자를 먹는 정운이 눈에 푸르딩딩하게 멍든 무릎이 보였다. 정운이는 한손으로 무릎을 가린 채, 피자를 꾸역꾸역 씹었다. 마치 천 조각을 씹는 것처럼 피자는 아무 맛도 없었다.

그리고 며칠은 조용히 지나갔다. 그게 정해진 순서였다. 한바탕 난리가 나고, 열흘쯤 조용히 지나가기, 그리고 다시 엉망진창!

정운이가 유난히 일찍 잠든 어느 날이었다. 밖에서 들리는 소리에 정운이가 문득 눈을 떴다. 가만히 들어 보니 엄마가 아빠에게 애원하는 소리였다.

"정운 아빠, 제발 이러지 말아요. 끊는다면서 왜 자꾸 술을 마시는 거예요? 주눅 든 정운이가 불쌍하지도 않아요?"

엄마가 우는 모양이었다. 아빠가 뭐라 하는지 들리지 않았지만 정운이는 조마조마했다. 아빠는 저러다 주먹을 날리곤 하는데.

"술 마신 아빠한테 뭐라고 하는 엄마도 이상해. 그냥 모른 척하지."

아니나 다를까 아빠 목소리가 커졌다.

"조용히 안 해! 왜 자꾸 찔찔거려, 이제 안 그런다잖아!"

쾅! 아빠가 탁자를 내리친 모양이었다. 걱정됐지만 정운이는 나갈 엄두가 나지 않았다. 이럴 때 나갔다간 매 맞기 십상이었다.

정운이는 침대로 돌아가 이불을 푹 쓰고 누워 버렸다. 다 싫었다.

다음 날 아침 정운이는 엄마 얼굴을 볼 수가 없었다. 정운이가 모른 척했다는 걸 엄마가 눈치 챌 것 같아서였다.

아빠는 마주치기 두려웠고, 엄마는 불쌍했다. 정운이는 자꾸 집 밖으로 도는 아이가 되어 갔다.

어느 날 밤, 누가 이름을 부르며 어깨를 흔들어 대는 통에 정운이가 자다가 눈을 떴다. 아빠였다. 거나하게 술에 취한 아빠가 정운이를 깨웠다.

아빠가 정운이를 끌고 나가 소파에 앉혔다. 아빠도 옆에 앉았다.

"너 인마. 가장인 아빠가 들어오지도 않았는데 벌써 자! 어디서 배워 먹은 버릇이야? 그리고 너, 공부 안 해? 내가 뼈 빠지게 일해서 벌어오는 돈으로 편하게 공부만 하면서 성적이 그게 뭐야? 내가 어렸을 때는 어땠는지 알아? 공부는 무조건 1등이고, 운동도 잘했어. 축구선수가 되려다 공부를 너무 잘해서 그만둔 거야. 알아?"

정운이는 아무 말도 못하고 고개를 푹 숙인 채 듣고만 있었다. 아빠가 정운이 머리를 툭 쳤다.

"사내자식이 만날 기운도 없고 그게 뭐냐? 당당하게 할 말은 해야지. 에이, 하나 있는 아들이 마음에 안 들어서 진짜!"

순간 정운이가 자기도 모르게 아빠를 향해 소리치고 말았다.

"나도 아빠가 마음에 안 들어요! 안 그런다고 하면서 매일 엄마랑 나를 때리기만 하고!"

정운이의 반격에 놀란 아빠가 멈칫했다. 하지만 잠시 후 아빠가 정운이 멱살을 잡고 일어섰다.

"뭐 인마! 마음에 안 들면 어쩔 건데, 응? 어쩔 거냐고?"

그러면서 아빠가 정운이 얼굴을 향해 주먹을 날렸다. 뺨을 맞고 휘청거리던 정운이가 쓰러지며 탁자 모서리에 머리를 부딪혔다. 바닥에 엎드린 채 머리를 쥐고 있던 정운이에게 달려간 엄마가 소리를 질렀다.

"피 나잖아요. 당신 진짜 미쳤어요?"

번쩍 정신이 들었는지 아빠가 양손으로 얼굴을 가리고 소파에 주저앉았다.

"정운아, 병원 가자!"

엄마가 정운이 머리를 수건으로 누른 채 병원 응급실로 갔다. 결국 정운이는 머리를 열 바늘이나 꿰맸다. 다행히 다른 이상은 없다고 했다.

집으로 돌아오는 차 안에서 정운이가 말했다.

"엄마, 아빠랑 헤어지면 안 돼? 나 아빠가 무서워. 매일 미안하다는 거짓말도 지겨워!"

그러면서 정운이가 울기 시작했다. 엄마가 한쪽에 차를 세웠다.

"정운아, 오늘 일은 사고야. 너무 걱정 마! 아빠도 달라질 거야."

말은 그렇게 했지만 엄마도 눈물을 흘리고 있었다.

다음 날, 학교에 다녀오니 커다란 상자가 정운이를 기다리고 있었다. 아빠가 점심때 사다 놓은 게임기였다. 상자 속에는 아빠가 쓴 쪽지도 있었다.

정운아, 아빠 이제 정말 술을 끊을 거야. 맹세할게. 지금 이 쪽지가 아빠가 정운이에게 쓰는 각서야. 진짜 약속해. 아들, 아빠 용서해 주는 거지. 사랑해!

정운이는 쪽지를 구겨서 던져 버렸다. 게임기는 꺼내 보지도 않은 채 상자를 발로 차 버렸다.

며칠 후 정운이가 방에서 숙제를 할 때였다. 거실에서 엄마와 아빠가 도란도란 이야기를 나누는 소리가 들렸다.

'매일 저렇게 사이좋게 이야기하면 얼마나 좋을까?'

그러나 잠시 후 '악!' 엄마의 비명이 들렸다. 정운이가 달려 나가 보니 엄마가 쓰러져 있었다.

"그래, 넌 정운이만 불쌍하다 이거지! 난 뭐 이러고 싶은 줄 알아? 난 안 힘든 줄 아냐고, 응?"

"아빠! 그만 좀 해, 제발."

정운이가 엄마를 감싸 안은 채 아빠를 향해 소리를 질렀다. 아빠가 정운이를 엄마에게서 떼어내려고 했다. 하지만 정운이는 엄마를 꼭 안은 채 팔을 풀지 않았다. 그러자 아빠가 정운이 다리를 발로 밟기 시작했다. 정운이가 비명을 지르며 다리를 감쌌다. 그러자 엄마가 벌떡 일어나 아빠 팔에 매달리며 정운이에게 방으로 들어가라고 소리쳤다.

이번에는 아빠가 매달리는 엄마의 머리채를 잡고 흔들기 시작했다. 정운이가 아빠를 말리려 했지만 오히려 아빠가 내지른 발길질에 저만치 방문 앞으로 나가떨어졌다.

정운이가 울면서 기다시피 방으로 들어가 문을 잠갔다. 그리고 휴대전화를 꺼내 얼른 112를 눌렀다.

"아저씨, 우리 아빠가 엄마를 때려요. 아빠 좀 말려 주세요. 빨리요."

밖에서는 계속 엄마가 맞는 소리가 들렸지만, 정운이는 나갈 수 없었다. 다리가 움직여지지 않았다.

잠시 후 누가 초인종을 눌렀다. 경찰이었다. 결국 아빠는 경찰들에게 이끌려 경찰서로 갔다. 엄마와 정운이도 출동한 구급차를 타고 병원으로 향했다.

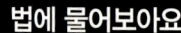

법에 물어보아요

아빠의 폭력에 시달리는 정운이와 엄마, 어떻게 해야 하나요?

가정폭력이란?

'가정폭력'이란 가정구성원 사이에서 신체적·정신적 또는 재산상 피해를 주는 행위를 말해. 가정구성원은 정운이네처럼 부부와 그 자녀 또는 부모, 함께 사는 친족을 말하지. 가정폭력범죄에는 폭행, 학대, 모욕, 협박, 강요 등이 있단다.
예전에는 가정폭력이 범죄가 아니라 집안일이라고 생각하는 경우가 많았어. 그래서 범죄를 저질렀다는 죄책감을 안 느끼는 사람이 많았지. 하지만 가정폭력은 가출, 가정파탄, 폭력성의 대물림 등으로 이어지기 쉬운 꼭 근절되어야 할 심각한 범죄란다.

가정폭력이 발생했을 때는?

「가정폭력범죄의 처벌 등에 관한 특례법」에 따르면 가정폭력범죄를 알게 된 경우에는 누구든지 신고할 수 있어. 업무를 수행하면서 가정폭력범죄를 알게 된 경우에는 신고할 책임이 있단다. 아동이 가정폭력을 당하는 걸 선생님이 알았다면 그 선생님이 신고해야 한다는 거야. 만약 신고하지 않으면 300만 원 이하의 과태료를 내게 될 수도 있어. 가정폭력의 피해자가 직접 신고하거나 고소할 수 있는 건 물론이야. 부모님을 고소하는 것도 가능하단다. 원래 형사소송법에서는 피해자인 자녀나 손자가 가해자인 부모나 조부모 등을 고소하지 못하게 했어. 하지만 가정폭력이나 성폭력범죄 등의 경우에는 할 수 있게 해 주었어. 그렇지 않으면 가정폭력범죄를 막기가 더 힘드니까.

가정폭력범죄 신고를 하면 경찰이 출동해서 폭력을 막고 수사를 시작해. 이때 피해자를 보호하기 위해 또는 피해자의 치료를 위해 재판 전에도 여러 조치를 취할 수 있어. 피해자를 보호하는 게 우선이니까. 재판에 따라 가정폭력 가해자는 징역이나 벌금을 내는 처벌을 받게 돼. 상습적으로 가정폭력을 저지르면 처벌은 더 강해진단다.

가족 간의 문제는 가정법원으로

가정법원은 이름처럼 가정 문제를 담당하는 법원이야. 우리나라에는 서울, 부산, 대구, 대전, 광주 가정법원이 있어. 가사·소년재판부가 설치되어 가정법원의 역할을 하기도 해. 가정법원에서는 가족 및 친족 간의 가사 관련 분쟁사건 등을 다룬 가사재판, 19세 미만의 소년의 범죄나 비행을 담당하는 소년보호재판, 가정폭력사건 등의 가정보호재판을 담당하지. 그 밖에 개명, 협의이혼 등 가족관계등록과 관련된 업무도 맡고 있어.

가족이나 친족은 남이 아니야. 당연히 화해할 수 있는 분위기 속에서 문제를 해결하는 게 좋겠지. 그래서 민사 또는 형사재판보다 가정법원의 재판은 덜 엄격하게 진행된단다.

이모를 돌려주세요
★ 노사문제

버스에서 내린 서진이는 혹시나 하며 저 멀리 종탑을 바라보았다. 하지만 종탑 꼭대기에 있는 노란 텐트는 어제 그대로였다. 이모가 여전히 저 위에 있다는 뜻이었다.

종탑에는 현수막들이 다닥다닥 붙어 있었다. 찢어져 깃발처럼 휘날리는 것도 보였다.

우리는 일할 권리가 있다

지키는 게 약속이다, 사주는 약속을 지켜라

우리는 함께 살고 함께 죽는다

노동자는 쓰다 버리는 쓰레기가 아니다

'죽는다'는 말은 볼 때마다 서진이 가슴을 찔러 댔다. 서진이는 불길한 생각을 떨치려는 듯 고개를 좌우로 흔들었다. 그리고 종탑 아래 천막을 향해 부지런히 걸었다.

'단체 농성 452일, 종탑 농성 38일째'라는 팻말이 천막 앞에 붙어 있었다. 그러니까 이모가 저 위에 올라가 생활한 지 벌써 한 달도 넘었다는 말이었다.

영주 아줌마가 바구니를 들고 천막에서 나오다 서진이를 보고 알은 체를 했다. 이모의 저녁 식사를 챙겨 종탑 위로 올려 보내려는 것이었다. 서진이가 잠깐만 기다려 달라고 하더니 가방에서 분홍색 편지봉투를 꺼내 바구니 안에 넣었다.

"이모한테 쓴 편지구나."

영주 아줌마가 서진이의 머리를 쓰다듬어 주었다. 영주 아줌마는 이모와 가장 친한 직장 동료였다. 이모랑 셋이서 영화를 본 적도 있었다.

영주 아줌마가 종탑 꼭대기와 연결된 줄에 바구니를 걸고 잡아당겼다. 잠시 후 이모 얼굴이 종탑 밖으로 보였다.

이모가 서진이를 알아보고 손을 흔들었다. 까맣게 탄 데다 머리를 질끈 묶고 있는 이모를 보자 서진이는 눈이 뜨거워졌다.

'이모는 머리 묶는 거 진짜 싫어하는데.'

하지만 아무렇지도 않은 듯 씩씩하게 이모를 부르며 손을 흔들었다. 두 손을 맞잡고 하트 모양을 만들어 보였다.

'이모는 저기서 무슨 생각을 할까? 무섭지 않은 걸까?'

이모가 왜 그 위에 올라갔는지 서진이에게 알려 주는 사람은 아무도 없었다. 처음에 엄마는 이모가 일 때문에 지방에 갔다고 했다. 가끔 집에 오던 이모도 사정이 생겼다고만 했다.

우연히 인터넷에 난 기사에서 이모 얼굴을 보고서야 서진이는 대강의 내용을 알게 되었다. 그 뒤에도 엄마는 이모에 대해 물으면 금세 올 거라고만 했다. 하지만 이모는 해가 바뀐 뒤에는 아예 집에 안 들어 왔다. 엄마가 자세히 얘기 안 하는 것처럼 서진이도 이모에게 매일 가는 걸 숨겼다.

5년 전 서울에 와서 취직을 하면서 이모는 서진이네 집에서 함께 살게 되었다. 이모는 서진이가 태어났을 때부터 유난히 서진이를 예뻐했다. 크리스마스나 어린이날이면 직접 찾아오거나, 선물이라도 꼭 보내 주었다.

"엄마랑 딸이 꼭 닮았네요."

서진이가 이모와 쇼핑이라도 가면 사람들은 이모를 엄마로 알아봤다. 사실 서진이는 엄마나 언니와 안 닮은 얼굴 때문에 스트레스를 받았었다. 가끔 언니는 서진이더러 주워 온 딸이라며 놀리기까지 했다. 그러니 서진이는 이모를 더 좋아할 수밖에 없었다.

이모는 일 잘하는 우수 직원이었다. 실적이 좋아서 상여금을 많이 받았다며 서진이에게 용돈을 준 것도 여러 번이었다.

하지만 시간이 지날수록 이모는 바빠졌다. 거의 매일 10시가 넘어서 피곤에 지친 얼굴로 퇴근했다. 어떤 날은 이모 얼굴을 보지도 못하고 서진이가 먼저 잠들기도 했다.

그러다 보니 이모는 쉬는 날이면 종일 잠으로 보내곤 했다.

"이모, 오늘 일요일인데도 잠만 잘 거야? 나랑 좀 놀자, 응?"

10시가 넘어서도 일어나지 않는 이모를 서진이가 흔들어 깨웠다. 이모가 겨우 눈을 떴다.

"서진아, 미안. 이모도 우리 꼬맹이랑 놀고 싶은데 너무 힘들다. 오늘 하루만 봐줘! 다음에 놀이공원 가자, 응?"

하지만 그 약속은 1년이 지나도록 지켜지지 못했다.

다음 날도 서진이는 이모에게 갔다. 비가 쏟아지다 말다 하는 통에 우산을 폈다 접었다 짜증나는 날씨였다. 그칠 듯 하더니 금세 소나기가 또 쏟아졌다.

'텐트 안에 있으면 비는 안 맞나? 젖은 옷 말리기도 어려울 텐데.'

걱정과 함께 농성장에 도착했다. 늘 그렇듯 영주 아줌마가 서진이를 맞아 주었다.

"매일 찾아오는 조카 둔 이모가 부럽다. 두 살짜리 우리 아들은 내 얼굴도 잊어버렸던데."

영주 아줌마가 수건으로 서진이 옷이며 머리를 닦아 주고 앉으라며 의자를 내주었다.

"아줌마, 우리 이모는 언제 내려와요?"

서진이의 질문에 영주 아줌마는 대답 대신 깊은 한숨을 쉬었다.

"그러게. 누가 시원하게 대답해 주면 좋겠다."

그러더니 서진이에게 줄 게 있다며 벌떡 일어나 옆에 있는 책상 서랍을 열었다. 곱게 접은 종이를 꺼내 서진이에게 내밀었다.

공책을 뜯어 쓴 듯 한쪽에 있는 구멍들이 줄줄이 찢어져 있었다. 뒤집어 보니 낯익은 글씨가 보였다.

'사랑하는 서진이에게'

이모 글씨였다. 단 한 줄 읽었을 뿐인데 눈앞이 뿌예지더니 글씨가 퍼지기 시작했다. 얼른 눈물을 훔쳐 내고 쪽지를 펼쳤다.

서진아, 비가 내리는 밤이다.

지금쯤 우리 꼬맹이는 푸푸거리며 곤하게 자고 있겠지. 이모는 빗소리 때문인지 잠이 안 오는구나. 꼬맹이 생각도 많이 나고.

며칠 전에 서진이가 준 쪽지 읽고 이모는 참 많이 울었단다. 세상에서 제일 사랑하는 조카와 함께 있지도 못하고 걱정만 끼치는구나 싶어서.

이모를 믿는다는 서진이의 글은 이모에게 큰 힘이 됐어. 기쁜 마음으로 여기서 내려가는 날이 하루빨리 오기를 이모도 서진이만큼 바란다. 하지만 늦어진다 해도 이모는 서진이 덕분에 잘 버틸 거야.

서진아, 이모가 왜 여기 올라와야 했는지 궁금하다고 했지?

이모는 처음에 입사할 때 회사와 여러 가지 약속을 하고 일을 시작했어. 다른 동료들도 마찬가지였지. 회사는 계약대로 급여를 주었고, 우리는 회사를 믿고 열심히 일했어. 그런데 작년 초에 갑자기 회사에서 약속을 어기고 우리의 급여를 깎아 버렸어. 거기다 100명도 넘게 해고했단다. 미리 말도 안 해 주고 말이야.

그래서 이모를 비롯한 노동조합 임원과 동료들이 힘을 합쳐 회사에 대항하는 중이야. 원래대로 돌려 달라고. 그런데 400일이 되도록 해결될 기미가 보이지 않아 이모가 여기 올라온 거야. 이러면 회사에서 협상에 좀 적극적으로 나서줄 거라고 생각했거든.

서진아, 이모 걱정은 하지 마. 이모가 얼마나 건강한지 알잖아. 거기다 서진이가 응원해 주는데 어떻게 아프겠어!

비가 좀 그쳤네. 이제 이모도 좀 자야겠다. 해가 뜨면 너무 더워서 잠도 안 오더라. 여기 올라오니까 시간이 엄청 많아져서 잠꾸러기 이모가 될까 걱정이야.

이모가 여기서 내려가면 우리 캠핑 가자. 경치 좋은 곳에 가서 텐트 치고 서진이가 좋아하는 고기도 구워 먹자. 여기는 온통 건물만 보이고 자동차 소리만 들려서 별로야.

이모가 옆에 없지만 항상 서진이 편인 거 잊지 말고. 서진아, 사랑해!

> 법에 물어보아요

회사 사정 때문에
정리해고 당한 서진이 이모와 동료들,
어떻게 해야 할까요?

노동조합이란?

「노동조합 및 노동관계조정법」에서 '근로자 또는 노동자'는 직업의 종류와 상관없이 일하고 받은 수입으로 생활하는 사람이라고 해. '사용자 또는 고용주'는 사업주, 그러니까 근로자에게 임금을 지불하고 일을 시키는 사람이라고 생각하면 돼. 대체로 사장이라고 불리는 사람이지.

법에서는 사용자보다 약한 근로자들이 힘을 모을 수 있도록 해 주었어. 바로 '노동조합'을 통해서 말이야. 노동조합은 근로자들이 힘을 합쳐 근로조건의 유지·개선 등을 목적으로 조직해 사용자에게 대항할 수 있는 단체거든. 「헌법」에서는 근로자들에게 단결권, 단체교섭권 및 단체행동권을 보장하고 있단다.

노동자와 사용자 간에 문제가 생겼을 때는?

「근로기준법」에 따르면 서진이 이모네 회사에서처럼 근로자를 해고하려면 이유가 있어야만 해. 하지만 그렇다 해도 사용자는 해고를 피하기 위한 노력을 먼저

해야 한단다. 그리고 해고하기 전에 미리 알려 줘야 해. 그 뒤에도 회사는 노동조합과 성실하게 협의하며 해결 방법을 찾으려 노력해야 한단다. 만약 많은 인원을 해고하려면 노동부 장관에게 먼저 신고도 해야 해. 해고는 근로자들의 삶에 큰 고통을 주기 때문에 함부로 하지 말라는 뜻이겠지.

서진이 이모네 회사에서처럼 사용자와 노동조합(근로자) 간에 문제해결이 안 될 때, 노동조합에서는 노동쟁의 행위를 할 수 있어. 일을 거부하거나 천천히 하는 등 요구 조건을 달성하기 위해 단체행동을 하는 거지. 하지만 이때에도 폭력을 쓰거나 해서는 곤란해.

그렇게 해도 합의가 이루어지지 않으면, 중앙 및 지방 노동위원회에서 나서게 된단다. 사건이 신속히 처리되도록 국가나 지방자치단체가 도와주려는 거야.

법은 어떤 과정을 거쳐 만들어질까?

일반적인 법이 만들어지는 과정을 알아볼까. 우선 정부나 국회의원들이 만들 필요가 있다고 생각하는 법을 안건으로 내놓는 게 첫 단계야. 이런 발의를 거친 다음 국회본회의 보고를 거쳐 각 분야별로 해당하는 국회상임위원회에서 법안을 심사해. 그 다음 국회의 법제사법위원회에서 심사를 거쳐 국회본회의에서 최종 심사를 하게 돼. 국회에서 새로 만들어진 법안이 통과되면 이제 정부로 보내진단다. 국무회의를 거치고 대통령의 서명이 끝나면 법안이 만들어진 거야. 이제 국민들에게 공포하고 시행하는 일만 남지. 하지만 대통령이 국회에서 온 법안에 문제가 있다고 생각한다면, 국회로 돌려보낸단다. 그러면 국회에서는 법률안을 수정해서 정부로 다시 보내는 과정을 되풀이하게 돼.

포도가 싫다
★ 자유무역협정(FTA)

급식시간이었다. 급식실 입구의 차림표를 보자마자 소현이의 입맛은 단번에 사라졌다. 하필 후식이 칠레 포도였기 때문이다.

'우리나라 포도면 얼마나 좋아.'

소현이는 속으로 투덜거리며 친구들이 앉아 있는 테이블로 갔다.

"이 포도, 진짜 맛있지?"

"응! 귀찮게 껍질 뱉을 필요도 없잖아. 우리 집도 요즘 포도는 이것만 먹어. 싸다고 엄마가 완전 많이 사온다니까."

친구들은 하나같이 칠레 포도를 칭찬하기 시작했다. 친구들의 말을 듣는 동안 소현이의 가슴은 부글부글 끓어올랐다.

"그래! 너희끼리 맛있는 포도 실컷 먹어라!"

소현이가 앞에 놓인 포도를 들어 친구들 급식판에 패대기를 치고

는 밖으로 뛰어나갔다.

"헉! 쟤, 뭐냐?"

"그러게. 포도에 뭐 한 맺힌 거라도 있나?"

소현이가 던진 포도 때문에 반찬이 튀어 옷을 버린 친구들이 투덜거렸다.

"너희가 잘못한 거야. 소현이네 집, 포도 과수원 하잖아."

"그게 뭐? 그래서 우리가 포도 열심히 먹는다니까!"

"그건 칠레 포도잖아! 이 바보들아!"

소현이랑 제일 친한 언주가 소리를 빽 질렀다. 하지만 아이들은 멀뚱멀뚱 언주만 쳐다봤다.

"이런 무식한 것들, 수입한 칠레 포도가 싸게 팔리면 비싼 우리나라 포도가 팔리겠냐?"

그제야 다들 '아!' 하며 고개를 끄덕였다. 하지만 입을 삐죽거리며 하나 둘 다시 말을 이었다.

"속상한 건 알겠는데, 우리가 수입한 것도 아니잖아. 게다가 우리나라 포도는 왜 그렇게 비싼 거야? 싸게 팔면 되잖아. 우리 엄마도 이왕이면 우리 농산물 먹어야 한다고 그러긴 했단 말이야."

우리나라 과일은 밥값보다 비싸다는 말도 나왔다. 재빈이는 수입 과일이 더 달아서 좋다고 했다.

"어쨌든 소현이 아빠는 직업을 바꿔야 하나 고민까지 하신대. 너희들, 이제 입조심 좀 해!"

친구들이 이러는 사이에 소현이는 밖으로 나와 운동장 구석에 있는 벤치로 갔다. 텅 빈 운동장처럼 소현이 마음도 허전하고 외로웠다.

"포도농사 그만둘 거야. 돈도 안 되고 힘만 드는 이깟 농사 집어치운다고!"

거나하게 취해 들어온 아빠가 부축하는 엄마에게 폭탄선언을 했

포도가 싫다

다. 올해 수확한 포도를 마지막으로 내다 판 날이었다.

포도를 키우는 여름 내내 아빠가 소현이에게 했던 말대로라면 이래서는 안 되는 거였다. 이때쯤이면 아빠 입은 함지박만 해지고 주머니도 두둑해져야 했다. 올해 포도농사가 아주 잘됐기 때문이다. 장마철 비도 적당했고, 무엇보다 날씨가 마침맞게 더웠다. 포도를 잘 모르는 소현이가 보기에도 과수원의 포도 색깔이 아주 예뻤다.

그런데 수확한 포도를 처음으로 팔고 온 날, 아빠는 밤이 새도록 잠을 이루지 못했다.

"여보, 왜 그래요? 포도 팔고 무슨 일 있었어요?"

소현이 아빠는 아무 말 없이 한참을 멍하니 앉아 있었다. 그러더니 깊은 한숨을 내쉬었다.

"포도가 안 팔린대."

"풍년이라 맛도 좋고 가격도 안 비싼데 왜요?"

"나도 그런 줄 알았지. 하지만 칠레 포도는 물론이고 냉동 과일이며 수입 과일이 넘쳐난대. 게다가 칠레 포도는 우리 포도 반값도 안 돼! 올해는 좀 나을까 했는데 기대한 내가 바보였어!"

이제 포도농사는 끝난 것 같다며 아빠가 일어나 밖으로 나갔다. 그러더니 얼마 후 포도농사를 그만두겠다고 선언한 것이다.

소현이네 과수원은 역사가 길다. 돌아가신 할아버지 때부터 아빠까지 40년이나 포도농사를 지어 왔다. 가난한 어린 시절을 보낸 할아버지가 온갖 일을 해서 모은 돈으로 산 땅이었다. 황무지나 마찬가지였던 땅에 거름을 주고, 포도나무를 심어 애지중지 가꾸었다.

　소현이 아빠도 초등학교 때부터 할아버지 일을 도왔다고 했다. 아빠는 과수원을 좀 더 키우고 싶었다. 그래서 고등학교도 농업학교로 진학했다.

　아빠는 포도농사 말고는 해 본 일이 아무 것도 없었다. 스무 살 때부터, 군대에 갔던 기간을 빼면 아빠에겐 포도나무뿐이었다. 그런 아빠가 직업을 바꾸겠다는 것이다.

　소현이는 가슴이 아팠다. 거의 다 이룬 꿈을 포기해야 하는 아빠가 불쌍했다. 아빠 생각을 하느라 점심시간 내내 소현이는 벤치에서 일어날 줄 몰랐다.

　친구들과 제대로 화해도 안 한 채 학교에서 돌아오는 길이었다. 언제나처럼 소현이는 버스에서 내려서 일부러 과수원 옆길로 걸었다. 길은 더 멀지만 소현이도 아빠만큼이나 과수원을 좋아하기 때문이다. 주렁주렁 매달린 포도를 보면 저절로 기분이 좋아졌다.

　그런데 저만치 과수원 포도나무 앞에 주저앉아 있는 어떤 사람이 보였다. 눈이 나쁜 소현이는 좀 더 걸어서야 누구인지 알아봤다. 아

빠였다. 옆에는 엄마가 있었다. 소현이는 아빠와 엄마가 있는 곳을 향해 발소리를 죽이고 걸어갔다.

"내가 어떻게 키운 나무들인데. 얘들이랑 어떻게 헤어지냐고! 흑흑!"

아빠가 울고 있었다. 난생처음 듣는 아빠의 울음소리에 소현이도 울컥 눈물이 솟았다.

"차라리 잘됐어요. 앞으로 더 힘들어질 거래요. 당신, 그동안 충분히 고생했어요. 이제 우리도 편하게 좀 살아요."

아빠를 달래느라 마음에 없는 말을 하는 엄마도 훌쩍거리고 있었다. 소현이는 조용히 돌아서서 과수원을 빠져나왔다.

생각할수록 화가 났다. 우리 포도를 사지 않는 사람들이 미웠다. 칠레 포도 수입해서 싸게 파는 사람들을 혼내 주고 싶었다. 그러다 보니 포도에게조차 화가 치밀었다. 왜 우리 포도는 키우는 데 돈도 많이 들고 힘든 거야? 칠레 포도는 왜 싼 거냐고!

　사실 소현이도 친구네 집에 갔을 때 칠레 포도를 먹어 본 적이 있었다. 소현이 아빠가 키운 포도와는 맛이 달랐고, 맛있었다. 소현이는 그 포도를 맛있게 먹었던 자신이 새삼 미워졌다.
　칠레와 맺은 무슨 협정 때문에 이런 일이 생겼다고 들었다. 도대체 그딴 협정을 왜 맺은 걸까? 그 협정을 맺은 사람들은 포도를 싫어하는 걸까? 아니면 우리 같은 사람 생각은 안 한 걸까? 하긴 삼촌 말대로라면 앞으로 점점 더 심해질 거랬다. 중국이나 다른 나라들과 계속 협정을 맺게 될 거라고 했다.
　타임머신이라도 있었으면 그 협정을 맺기 전으로 돌아가 어떻게 해서든 막을 텐데. 그럼 아빠가 우는 일도 없을 거고.
　그나저나 아빠가 정말 직업을 바꿀까? 우리 포도나무들은 어떻게 될까? 생각할수록 소현이 마음은 안개에 덮인 산처럼 무겁게 가라앉았다.

법에 물어보아요

소현이네 집을 뒤흔든 '자유무역협정' 그게 뭐예요?

관세란?

관세는 국가 간 무역 상품에 부과하는 세금을 말해. 관세는 정부의 수입을 올리기도 하고, 자기네 나라의 산업을 보호하는 역할도 하지. 다른 나라에서 수입하는 물건에 관세를 더하면 그만큼 물건의 가격이 올라가잖아? 그럼 같은 종류의 우리나라 상품이 더 저렴해지니까 더 많이 팔리게 되지.

소현이네 이야기에 등장한 협정은 '자유무역협정(FTA)'이야. '한국과 칠레'처럼 두 나라 간에 서로 관세를 없애거나, 관세율을 낮추는 등 무역의 자유화에 대해 맺는 조약·협정이란다.

자유무역협정(FTA), 안 맺는다면?

관세가 있어야 우리 산업을 보호할 수 있다면서 왜 협정을 맺어 관세를 없애는 걸까? 만약 각 나라마다 높은 관세를 매긴다면 국제무역은 점점 줄어들 거야. 발달한 산업도 다른데, 그렇게 되면 모든 나라가 불편해지겠지? 그래서 자유무역협정을 체결하는 거야. 그러면 산업 간 경쟁을 통해 서로 더 좋은 상품을 만들어 내려고 하겠지. 더불어 무역도 늘어날 테고. 관세가 없어지면 수출이 증가하고 소득도 늘어날 수 있어. 하지만 소현이네처럼 자유무역협정 체결로 인해 피해를 보는 사람들도 있어. 경쟁력이 떨어지면 그만큼 덜 팔릴 테니까. 그래서 자유무역협정을 맺을 때는 우리나라에 정말 이익이 되는지 꼼꼼히 살펴야 해.

협정 절차를 알아볼까? 먼저 합의한 협정 내용에 대해 협상 대표자 간에 서명을 하지. 그 다음 대통령이 확인하고 서명을 해. 그러면 국회에서 대통령의 비준 내용에 대해 동의를 하게 돼. 그래야 완벽한 조약·협정으로 효력이 있게 되지. 물론 국회에서 동의를 하지 않을 수도 있어. 협정 이행 등에 필요한 사항에 대해서는 「자유무역협정의 이행을 위한 관세법의 특례에 관한 법률」에서 정하고 있단다.

어느 한쪽이 권력을 다 가지면 위험하다고?

삼권분립은 국가의 권력을 입법(국회)·행정(행정부)·사법(법원)으로 분리해 역할을 나눈 거야. 국회에서 법을 만들고, 법에 따라 대통령과 행정부가 실행하고, 법에 따라 법원에서 재판을 하는 거지. 기관별로 상대방에 대해 여러 가지 거부권이나 심사권을 가지고 있어. 행정부가 맺은 자유무역협정 내용에 대해 국회가 동의권을 갖는 것처럼 말이야. 그렇게 되면 서로 잘못하지 않는지 견제하면서 균형을 유지할 수 있어.

삼권분립은 300여 년 전에 로크와 몽테스키외라는 서양 학자들이 주장한 거야. 국가권력보다 개인(국민)의 자유를 확보해야 한다는 생각에서 나온 거란다.

★ 삼권분립

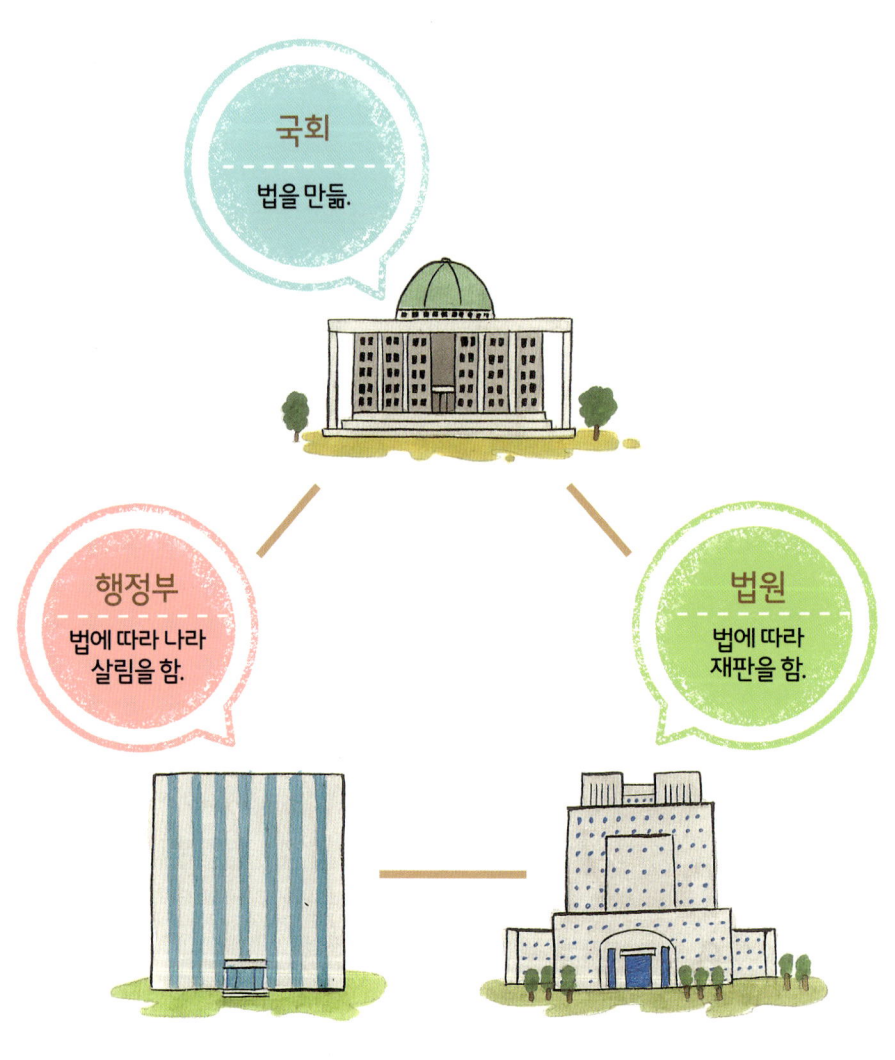

독도는 우리 땅
★ 국제사법재판

"아빠, 저게 무슨 말이야?"

개그 프로그램을 보며 깔깔거리던 준혁이가 갑자기 아빠를 부르며 소리쳤다. 소파에서 설핏 잠들었던 아빠가 깜짝 놀라 눈을 떴다.

정규 프로그램이 중단되고 뉴스 속보가 나왔다.

속보를 말씀드리겠습니다. 오늘 오전, 일본 국적의 배 10여 대가 독도 앞바다에 나타났습니다. 이 배들은 2시간 이상 독도를 둘러싼 채 우리 배의 접근을 막았다고 합니다. 독도수비대가 이들에게 돌아가라고 경고했지만 전혀 움직이지 않았습니다. 결국 우리 해군이 출동해서 그들을 조사 중이라고 합니다.

일단 알려진 바로는 '다케시마(독도)의 날'을 기념하기 위해 이런 일을 벌인 것이라고 합니다. 자세한 소식이 들어오는 대로 다시 전해드리겠습니다. 이상 뉴스 속보를 마치겠습니다.

속보가 끝나고 다시 개그 프로그램이 나왔다.

"아, 진짜 일본 너무 싫어. 매일 독도가 자기네 땅이라고 우기고."

"그러게나 말이다."

투덜거리는 준혁이 말에 아빠도 한숨을 쉬며 맞장구쳤다.

며칠 후 일본은 국제사법재판소를 통해 독도 문제를 해결하자며 우리 정부에 요청했다. 한국이 독도를 차지하고 있는 것을 더 이상 참을 수 없다는 이유였다. 독도 옆에서 하는 기념식을 막는 것은 말도 안 된다고 주장했다.

우리 정부는 대꾸할 가치도 없다며 거절했다. 그에 대해 일본은 한국 정부에 계속 요청할 것이라고 했다.

뉴스를 보던 아빠와 엄마는 국제사법재판소로 가면 우리가 불리할 것 같다며 걱정을 했다.

"왜 불리해요? 공정하게 재판하는 거잖아요?"

"독도가 일본 땅으로 판결이라도 나면 큰일이잖아. 지금 이대로라면 어쨌든 우리가 독도를 차지하고 있는데, 잘못하다 뺏길 수도 있으니까 말이야."

아빠는 일본이 아무리 요청해도 우리가 거절하면 국제사법재판소로 갈 수는 없다고 했다. 그러니 우리는 끝까지 버텨야 한다고 했다.

"독도가 우리 땅이라는 증거가 많다고 아빠가 그랬잖아요. 그럼 정정당당하게 재판을 받아서 해결하면 되잖아요. 자꾸 피하니까 우리가 겁쟁이 같아요."

아빠는 그렇게 간단한 문제가 아니라고 했다.

그날부터 온 나라가 독도 얘기로 들끓었다. 광화문 광장에서는 남녀노소를 가리지 않고 수많은 사람들이 모여 시위를 했다. 대부분 국제사법재판소로 가면 안 된다는 주장이었다. 한편에는 재판으로 본때를 보여 주자는 사람들도 있었다.

전문가들이 텔레비전에 나와서 하루에도 몇 번씩 토론을 벌였다. 그 문제로 다투다 주먹질을 하는 사람들도 생겨났다.

그 와중에도 일본은 전 세계를 향해 국제사법재판소에서 독도 문제를 해결해 달라며 호소했다. 재판을 거부하는 것이야말로 한국이 독도의 주인이 아닌 증거라고 떠들어 댔다.

학교에서도 독도 문제로 어수선하기는 마찬가지였다. 그러던 어느 날이었다.

"적을 알고 나를 알면 지지 않는다고 했어요. 일본이 왜 독도에 매달리는지 이번 기회에 알아 두기로 해요."

그러더니 선생님이 노래를 틀어 주었다. '독도는 우리 땅'이었다. 선생님이 가사가 적힌 종이를 나눠 주었다. 아이들은 노래를 잘 불러야 독도를 지키기라도 할 듯 교실이 떠나가라 소리를 질렀다.

노래가 끝나고 선생님이 아이들을 둘러보며 물었다.

"자, '독도' 하면 무슨 생각이 나는지 얘기해 봐요."

'독도는 우리 땅'이라고 말하는 아이들이 제일 많았다. 좀 전에 부른 노래 덕분이었다. 우리나라 동쪽 끝에 있는 섬이다, 사람이 살기 어렵다, 갈매기가 있다, 군인들도 있다, 가보고 싶다 등등. 자세히는 아니어도 한두 가지는 다들 알고 있었다.

그때 준혁이가 손을 번쩍 들었다.

"선생님! 독도는 우리 땅이잖아요. 그런데 일본은 왜 자기네 땅이라고 자꾸만 우기는 거예요?"

준혁이처럼 아이들도 그 이유가 궁금했다.

"그러게, 일본은 왜 그럴까요? 여러 가지 이유가 있지만, 일단 독도가 일본 땅이 되면 독도가 일본 영토의 경계가 되는 거예요. 그만큼 일본의 영해도 넓어져요……."

한 시간도 넘게 선생님의 이야기는 이어졌다. 독도의 역사부터 독도 주변에 묻힌 엄청난 지하자원까지. 알고 보니 그 작은 독도가 엄청 중요한 곳이었다. 절대 일본에게 빼앗기면 안 되는 섬이었다.

선생님의 이야기를 다 들은 아이들은 가만히 있을 수가 없었다. 성질 급한 준혁이가 먼저 나섰다.

"선생님, 우리도 독도를 지키기 위해 무슨 일이든 해요."

독도로 가자는 아이, 시위를 하자는 아이, 독도 노래를 만들자는 아이 등등. 흥분한 아이들은 마구잡이로 의견을 내놓았다.

선생님과 아이들은 토의 끝에 동영상을 만들어 유튜브에 올리기로 했다. 독도와 관련된 내용으로 만든 포스터를 이용해 노래도 부르고 춤도 추기로 했다. 노래는 당연히 '독도는 우리 땅'이 뽑혔다.

아이들은 삼삼오오 모여 더 멋진 포스터를 만드느라 시간 가는 줄 몰랐다. 춤을 잘 추는 아이들은 노래에 맞춰 안무를 짜느라 바빴다.

오지랖 넓은 준혁이는 여기저기 참견하느라 누구보다 정신없는 시간을 보냈다.

아이들이 동영상을 만드느라 바쁜 동안에도 일본은 주장을 굽히지 않았다. 우리 정부도 계속 거절했다.

드디어 선생님이 유튜브에 완성된 동영상을 올렸다. 그 동영상을 보며 눈물을 흘리는 아이도 있었다. 아이들은 누가 먼저랄 것 없이 노래를 따라 불렀다.

그때였다.

"선생님! 큰일 났어요. 독도, 재판한대요."

주미가 소리쳤다. 그러더니 스마트폰으로 기사를 보여 주었다.

"국제사법재판소에서 독도 문제를 해결하기로 결정했답니다."

가슴 벅차게 '독도는 우리 땅'을 노래하던 아이들은 금세 바람 빠진 풍선이 되었다. 여기저기서 피식피식 바람 빠지듯 한숨 소리가 들렸다. 선생님도 기운이 빠졌는지 아무 말이 없었다.

어떻게 시간이 흘렀는지 모르게 하루하루 지나고 드디어 판결이 내려지는 날이 왔다.

재판 결과가 발표되는 시간에 맞춰 텔레비전으로 인터넷으로 온 국민의 눈과 귀가 쏠렸다. 밤 12시가 지나도록 판결 소식은 들리지 않았다. 터질 듯 뛰는 가슴을 진정시킬 수 없어 거실을 서성이는데 드디어 뉴스 속보가 나왔다.

국민 여러분, 슬픈 소식을 전해드립니다. 결국 독도가 일본 땅으로 판결이 났다고 합니다. 헤이그에 있는 특파원을 불러 자세한 소식을 들어보겠습니다…….

"안 돼! 안 돼!"
자기가 지른 고함에 놀란 준혁이가 번쩍 눈을 떴다. 잠시 후 벌떡 일어나 거실로 나갔다. 텔레비전을 틀었다.
치-치-치-치.
이리저리 채널을 돌려도 독도 뉴스는 없었다.
아, 꿈이었구나! 준혁이는 안도의 한숨을 내쉬며 바닥에 주저앉았다.

> 법에 물어보아요

국제사법재판소는 어떤 재판을 하는 곳인가요?

영토 분쟁이란?

'영토 분쟁'은 어떤 육지나 강, 바다가 어느 나라 소유인지를 다투는 국가 사이의 분쟁을 말해. 요즘에는 천연 자원을 둘러싸고 영토 분쟁이 일어나는 경우도 많단다.

때로는 영토 분쟁이 평화적으로 해결되기도 해. 일정 비율로 영토를 나눠 갖거나 어느 한쪽이 영유권 주장을 포기하는 경우지. 하지만 전쟁을 통해 끝나기도 해. 국제사법재판소에 중재를 요청해 해결하는 경우도 있단다.

독도 문제를 국제사법재판소에서 재판하게 되면?

1954년 일본 정부는 국제사법재판소를 통해 독도 문제를 해결하자고 우리 정부에 제의했어. 하지만 우리 정부는 거절했지. 그런데도 일본은 지금까지도 주장을 굽히지 않고 있어. 독도 문제를 국제사법재판소에서 재판하려면 일본과 한국 양쪽의 합의가 있어야 해.

국제사법재판소는 국제연합헌장에 따라 설립된 기관이야. 분쟁 당사국들이 합의하여 제소하면 재판이 시작되고, 국제법에 따라 재판한단다. 재판관은 15명이며, 모두 국적이 다른 사람들이어야 해. 판결은 분쟁의 당사자와 특정 사건에 대해서만 효력이 있어. 재판은 한 번뿐이고 다시 제소할 수 없단다. 그러니 혹시라도 이 재판에서 독도가 일본 땅으로 판결이 나면 그걸로 끝이라는 뜻이야.

법과 관련된 직업은?

법과 관련된 직업으로는 판사, 검사, 변호사를 먼저 떠올리게 되지! 판사는 법관이라고도 부르는데 법원에서 재판을 진행하고 판결을 내리는 일을 해. 검사는 범죄 사건을 수사하고 피고인을 재판해 달라고 법원에 요청하는 일을 하지. 판사는 사법부 소속, 검사는 행정부 소속 공무원이야. 하지만 검사는 일반 공무원과 좀 달라. 각 개개인의 검사가 검찰권을 행사하는 국가기관으로 검찰청에 소속되어 있어. 변호사는 의뢰인을 대신해 소송을 제기하거나 그들을 변호해 주는 활동을 하지. 지금은 판사, 검사, 변호사가 되려면 사법고시에 합격해야 해. 하지만 2017년 이후에는 법학전문대학원(로스쿨)을 졸업해야 하는 것으로 바뀌었단다. 이 밖에도 변리사, 법학교수, 법 관련 연구원, 법무사 등이 법과 관련 있는 직업이라 할 수 있어.